学会应酬，
半生不愁

马 德 ◎著

南海出版公司

图书在版编目（CIP）数据

学会应酬，半生不愁 / 马德著. -- 海口：南海出版公司, 2014.11
 ISBN 978-7-5442-7294-0

Ⅰ.①学… Ⅱ.①马… Ⅲ.①人际关系学—通俗读物 Ⅳ.①C912.1-49

中国版本图书馆CIP数据核字（2014）第211372号

XUEHUI YINGCHOU, BANSHENG BUCHOU

学会应酬，半生不愁

作　　　者	马　德
责 任 编 辑	张爱国　冰　落
出 版 发 行	南海出版公司　电话：（0898）66568508（出版）　65350227（发行）
社　　　址	海南省海口市海秀中路51号星华大厦五楼　邮编：570206
电 子 信 箱	nhpublishing@163.com
经　　　销	新华书店
印　　　刷	三河市骏杰印刷有限公司
开　　　本	787毫米×1092毫米　1/16
印　　　张	14.75
字　　　数	220千字
版　　　次	2014年11月第1版　2014年11月第1次印刷
书　　　号	ISBN 978-7-5442-7294-0
定　　　价	29.80元

南海版图书　版权所有　盗版必究

如今,不会应酬便在这个社会上无法生存。吃饭、喝酒、办事、交朋友、做生意……处处离不开应酬,甚至对自己的家人也需要适度的应酬。生活中,有些人生活圈子小,结交的朋友少,平时参加的应酬活动也不多,所以,遇有应酬活动时,心里总是很纠结:既想接近别人,又怕被对方拒绝;既想在别人面前谈些自己的观点,又怕别人不认同;事先打好了腹稿,想与陌生人痛痛快快地交流,该张嘴时,大脑却一片空白……

这种心理每个人都似曾相似,但不同的人做出的选择却是不同的,有人选择了积极面对,有人选择回避。要知道,在生活中不交朋友可以,但是一味地把自己锁起来,或是装在套子里,不关注身边的人与事,不融入周边的圈子,久而久之,也会让自己"发霉"、"变质",让人难以接近。许多不善应酬,或在应酬方面存在自卑感的人或多或少都在用这种方式进行着"自我保护"。

的确,应酬有时很让人生畏,因为它毕竟不是简单的诚意对诚意的问题,而是一门极具技术含量的社交活动。成功的应酬,不但需要嘴到、眼到、手到,而且也要心到。俗语说:"人心隔肚皮。"意思是指人们相互之间不容易知道对方的真正意向,但研究精神分析学的人却认为,人心是"包

学会应酬，半生不愁

着几层皮"的，最内层是"自我"，即一切以为自己的打算作为出发点；自我的外层，是"下意识"。这两层的外表，起码还要包上四五层的"皮"，你很难发现它的真相。我们在日常生活中和别人应酬，自然不必像精神分析家那样，研究到对方的"最深层"，但最起码要了解人心的最外层——求得被认同、被尊重的心理。否则，看似再简单的应酬也会显得复杂而多变，变得让人难以应付与招架，甚至会滋生出让你意想不到的各种事端来。

举个最普通的例子，你每天上班时总会碰到熟人或朋友，这时，你不知不觉就面临着"应酬关头"。见了面，多少要表示一下，一句问候，一声招呼。时间长了，不"应酬"吧，面子上过不去，应酬吧，总是老套路，没啥新意，会觉得无趣。如果有一次你无意中忽略了某些应酬，那你很可能会被人误解。所以，行走于社会，你得处处留心应酬，处处要学会应酬。

毕竟大多数应酬不像见面打招呼这么简单，而会牵扯到错综复杂的利益、情感纠葛，可谓是剪不断，理还乱。面对这样的情景，应酬一定要讲究待人、待事的方式与技巧。

《中国式应酬实用智慧》以简单、通俗的语言，针对现实中的各种"场"与"局"，通过"建模"、阐述与技巧分解、提炼总结的形式，向读者全方位展示了应酬技巧与方法。全书从个角度进行阐述，分别为应酬惯用套路、小事处理、圆场技巧、化解困局、拓展门路、酒局礼数、交友之道等。内容紧贴实际，注重细节讲解，真正帮助读者将应酬变成一件简单、愉快、轻松的事。

目 录
Contents

第1章 知套路懂规矩,迎来送往做场面

不会应酬,怎么"混"社会	002
言谈举止要让人"看得惯"	004
见什么人穿什么装	007
想做朋友先做场面	010
8小时以外慎挂"免战牌"	015
应酬必知的"型"与"道"	019

第2章 小事情要糊涂,装傻充愣顾大局

糊涂应酬少是非	026
学会自嘲,才能自保	029
不要轻易指出别人的错误	032
看问题要开,想问题要活	035
事情越小调子要越低	039
给别人留缺口就是给自己留活口	042

第 3 章 | 场面话知心话，好话歹话悠着说

如何用两张面孔说话 046
做老实人该不该说老实话 049
打埋伏的话该怎么说 052
拒绝的话怎么说不得罪人 054
当着矬子不说矮话 059
私下不要讲第三者的坏话 061
恭维话怎么说对方才爱听 064
隐私问题不是想说就说 067

第 4 章 | 打圆场化尴尬，面子工程要做足

失意者面前要不要谈得意之事 072
打招呼对方不理你怎么办 075
怎样没话找话避免冷场尴尬 078
怎么避免话不投机的尴尬 082
如何出面化解别人的尴尬 086
别人给你尴尬该如何应对 089
在哪些情景下该出面打圆场 093
如何避免被当面拒绝的尴尬 097

★ 目 录 ★

第 5 章 ｜ 破僵局解困局，三分搭台七分唱戏

重归于好，搭讪的话该怎么说　　102
如何出面调解他人的纷争　　106
不要当面戳穿别人的"谎言"　　109
说别人坏话被听到后怎么收场　　112
如何劝架方能功德圆满　　114
破解困局常用的6种技巧　　118

第 6 章 ｜ 求门路找帮衬，义利并举礼为先

求人办事如何以礼开道　　122
看菜下酒，看人送礼　　126
求领导，是佛就得拜　　128
求老交情办事，该张嘴时就张嘴　　131
你不好意思，人家怎么好意思　　136
吃透对方心意，让他无法拒绝你　　139

第 7 章 | 应酬饭关系酒，吃好喝好勿求饱

你算饭局中的哪类人　　　　　　　144
远离饭局，小心成为边缘人　　　　149
一定要喝好开头两杯酒　　　　　　154
敬酒要讲究一定的礼数　　　　　　157
席间交谈应该把握住分寸　　　　　164
从"吃相"看谁值得信任　　　　　167
喝倒也不要被礼数扳倒　　　　　　172
女士拒酒有绝招　　　　　　　　　176

第 8 章 | 交情是笔存款，多攒勤存少"透支"

学会充实你的人情账户　　　　　　182
好友借钱怎么应酬　　　　　　　　185
怎么应对突然升温的友情　　　　　189
友情可淡不可忘　　　　　　　　　193
关系再好也不能太实在　　　　　　196

★ 目 录 ★

第9章 | 圈内人圈外人，高低贵贱各不同

入场前留意你的身份	202
与家里人应酬要注意的事	205
与异性交往应忌讳什么	210
与女性应酬最不能忽略了什么	215
应酬时，不要冷落"次要者"	217
不要只与"合得来"的人交往	220
攀附贵人不可生拉硬套	223

第1章　知套路懂规矩，迎来送往做场面

应酬不仅是面子开程，也是现代社会里的一种高尚的艺术。应酬得愈是成功，你的人际关系就会愈好。按照心理学家所说，应酬的巅峰效果，就是在绝无强迫的成分里，把你的一份诚意传达给别人，而使别人受到感应，自动地帮助你，迁就你或同意你。

尤其身处真真假假、虚虚实实的社会关系中，应酬是梳理、融通、改善人际关系的一门重要艺术。

学会应酬，半生不愁

不会应酬，怎么"混"社会

小周学的是市场营销专业，大学毕业后，以笔试加面试第一的成绩被一家大型企业聘用。平时，他做人本本分分、踏踏实实，没有什么不良嗜好，不抽烟不喝酒，每天准时上班，下班也准时回家，鲜有与同事、朋友应酬的机会。

他的工作做得很出色，领导也很器重他，一有什么应酬，都会想到把小周带上，想让他见见世面，锻炼锻炼。每次，小周总是会委婉地拒绝，不是借口说身体不舒服，就是说家中有事，几次下来，领导也就不再"强求"他了。有些朋友提醒他："下次领导让你去，你就跟着去吧，你工作做得好不好，不就是领导的一句话吗？何必扫领导的兴，还让自己错过发展的重要机会！"

小周不这么认为，他觉得，只要自己努力工作，兢兢业业把工作干好，其他的都是浮云，甚至，他有些看不惯那些场面事，听不惯那些场面话，觉得"那样做人太假、太累"。

不久，公司里又录用了一位大学生小杨。上班后，一天有半天的时间在外面，不是今天跟张经理去见客户，就是明天要陪李主管去参加某项活动，整天不干"正事"。很快，小杨便成了部门有名的"自来熟"，不论见了谁，都能上前聊上几句，甚至与其他部门的一些职员也建立了一定的"交情"。

★第1章★ 知套路懂规矩，迎来送往做场面

一次部门会议上，领导特别指出："小杨同志工作积极努力，很求上进，在这里要给予表扬。"

小周很不服：他哪里比自己强？整天在外面混吃混喝，油嘴滑舌。很长时间，他都有些想不通，领导为什么看不到自己的成绩，却偏偏要表扬"只说不练"的小杨？

工作做得好，不如关系混得好。不可否认，小杨是位聪明的"职场混混"，他深知混职场、混社会，应酬的重要性。而小周却没有意识到这一点，只是单纯地认为，只要工作做得好，领导看在眼里，就一定会受到器重。

许多初入职场的年轻人，都有过像小周一样单纯的想法。等真正进入职场，步入社会，才会发现，事情根本不像自己想象的那么简单：应酬是能给自己带来关系与资源的机会。如果想更快、更好地适应社会，就必须要懂得应酬，懂得去适应他人，只有这样，才能让自己的路越走越宽，让自己在复杂的人际关系中变得如鱼得水。

不会应酬，就没法适应社会，就没法在职场上生存。A先生是位做事很规矩的人，白天卖力地工作，晚上回去还要加班加点学习，周六日有时间还要做点兼职，生活圈子窄，朋友少，整天累死累活，挣的钱也只够养家糊口。他的一位朋友很为他鸣不平："像你这样整天只顾埋头做事，不怎么与人交往，将来靠什么在社会中立足？"与A先生不同，这位朋友在工作之余经常邀朋呼友，要么搓上几把麻将，要么喝几杯小酒，要么天南海北地胡侃……虽然工作不怎么卖力，但是升迁的速度堪比火箭：两年时间，从一位小职员升任为总经理助理。现在，生活滋润，工作轻松，还经常陪着总经理到全国各地跑业务，到哪里都显得很风光。

这就是会混与不会混的结果。有些人不善于应酬，职场奋斗了几十年，职位还是普通职员；经商仍然是"烧饼铺子"；做学问就那么几块"豆腐干"……于是人变得越来越憔悴，感觉活得越来越累，茫然后左顾右盼，觉

学会应酬，半生不愁

得自己这一生"混"得实在是太惨了。

美国著名的成人教育家卡耐基先生说："一个人的成功，15%是由于他的专业技术，85%是人际关系和处世技巧！"

何为"人际关系和处世技巧"？说白了，就是应酬的艺术！尤其在现如今这个人情社会、关系社会，应酬的能力也是社会生存的能力，这种能力直接决定了一个人事业的高度。

▷▷应酬心经

应酬是一个人立身、立业的支点，你的事业有多大，人脉就要有多广。叫吃饭就吃饭，叫做事就做事，这样的人能力再强也很难混出个模样来。

言谈举止要让人"看得惯"

有一位公司经理，不管在什么场合，一提到得意处，便会不自觉地抠自己的鼻孔。一次，他与外商进行一个项目的谈判，双方谈得非常顺利，马上就要进行签字程序时，这位经理的老毛病又犯了，得意之余，他又用手指不自觉地抠挖起鼻孔来。一边抠挖，一边谈笑风生。

外商很快注意到了这个细节，于是皱了皱眉头，一副不解的样子。趁对方不注意的时候，他示意签字的乙方代表：暂时不要在协议上签字。这位经理不解，便说："不是说好要马上签字的吗？"外商仅仅表示："有些地方还需要再慎重考虑一下。"

★第1章★ 知套路懂规矩,迎来送往做场面

随后,外商带着自己人扬长而去,这位经理不知所措,双方的合作也就此终止。事后,有人问外商:"为什么临时取消了签字?"外商说:"在那样庄重的场合,对方竟然当着客人的面抠自己的鼻子,说明他的素质非常低。经理的素质尚且如此,员工的素质也就可想而知了。与低素质的人合作,是要冒极大风险的。我们不愿意拿自己的资金来冒这样大的风险。"

一个小小的恶习,破坏了一个合作项目,同时还给外商留下了素质低下的印象。不管在什么样的应酬中,如果给人的第一印象不好,不仅会影响对方对你的评价,而且也会影响双方接下来的交往与合作。

虽然在应酬活动中,第一印象并非总是正确,但在别人的记忆中却总是最鲜明、最牢固的,并且第一印象的好坏决定着双方接下来的交往过程。在第一次与人应酬时,要尽可能避免对方"心理上的抵抗",要让对方看着顺眼,否则,一旦留给对方一种不良的第一印象,日后将很难改变。聪明的人在与人交往时,会非常注重这一点。

有位年轻人被某家公司聘用,他上班的第一天,遇到了他面试时见到的一位公司职员,他非常客气地说:"托您的面子,我进了公司。"虽然这位职员知道他是在说场面话,但是听后还是会觉得他很近人情,很有礼貌。如此,在他人面前树立起良好的第一印象,接下来,对方在心理上也很容易接纳他。

类似的应酬技巧还有这样几种:与朋友见面,分明并没有失礼之处,有时多说一句"真是失礼得很";别人邀请你去做客,见面时说上一句"打扰你了"……

如果你不说这种"不合理"的话,别人也不会介意什么,但是,别人在心里对你的评价不会有提升,再者,说这些话对你也不损失什么。

在平时的应酬中,当我们初次与某人见面时,通过对方的一些言行举止,会不知不觉地给对方扣上"此人很较真",或"此人不友善"的帽子。这种印象一旦形成,即使日后对方再做出多大的改变,我们也很难修正对方

学会应酬，半生不愁

留给自己的第一印象。

我们做一个换位思考，当你留给别人一种糟糕的第一印象，日后想挽回自己在对方心目中的这种形象，难度可想而知。

有些人为了尽可能留给对方一种好形象，面对初识者时，总是习惯以头脑敏捷、富有幽默、具有责任心的姿态来应对。如果一味地这么做，效果也未见得就好，许多时候，反而容易给人一种华而不实、太过圆滑的印象。如，当你急于通过自认为得意、有道理的言词来表示你的机智与幽默时，其实，你也是在为自己埋下遭他人的猜疑的种子。

想想那些应酬高手，他们之所以有人缘儿，受人信赖，往往并不是因为他们拥有出众的才华，会说一些惊人之语。相反，他们经常习惯用自己的亲身经验来说话，低调而真实，新潮而不夸张，如此，他们才能够与大多数人畅快地交谈。

尤其是第一次与人交往，言行举止太过做作或自夸，是容易遭人忌恨与猜疑的，有些人为了掩饰自己的无知，经常会说一些不实之词，或是尽可能给对方造成一种模糊印象，表面上看大家"相安无事"，其实，你很可能给别人留下了一种华而不实，或太过虚荣的形象。

所以，初次与人应酬时，在言行举止方面一定要做到自然、大方、真实、有礼，别人不喜欢听的话不说，不合时宜的小动作不做。只有别人欣赏你，愿意接受你，才能从根本上消除其"心理上的抵抗"，才能让应酬达到预期的效果。

▷▷应酬心经

应酬过程中，首因效应非常重要。再优秀的一个人，若不分场合，在初识者面前旁若无人地抠鼻子、挖耳朵，或说一些不着边际的大话、虚话，如此习惯，不遭对方的反感才是怪事。

★第1章★ 知套路懂规矩，迎来送往做场面

见什么人穿什么装

都听说小赵在上海混得不错，昔日的一些老同学时不时会打来电话述旧，有些外地的同学甚至提出"有时间想过去看看你"。小赵是一家装修公司的经理，那段时间正好赶上装修高峰，既然老同学提出要到上海看看自己，他也只能表示欢迎。

一天，小赵接到了一位老同学的电话，说他们已经到了上海。小赵立忙从装修现场赶往车站去迎接。虽然多年不见，见了面，除了几句普通的再不能普通的客套话外，却少了几分小赵想象中的惊喜与激动。从老同学的眼神中，小赵读懂了他的心思：自己很让他失望。他常用略带尴尬而又有些挑剔的眼神打量着自己——一身装修工作服，满是泥浆与污渍，这哪里是体面的"经理"，俨然是一个装修工人，看来混得真够惨的。

小赵知道他怀疑自己的经理身份，但还是非常热情地说："我刚好在接一个项目，忙了半天还没来得及换衣服，走，咱们先去吃顿便饭。"

老同学迟疑了一下，有些不情愿地说："不急，我也是顺路过来看看你，看，还影响了你工作，真不好意思。"

小赵不知道对方为什么变得竟如此客气了，这哪里还是在QQ与电话上聊得很投机的老同学！双方客套了一会儿，老同学便借口"刚到上海，想先去转转，回头再联系你"告辞，以后便没有了下文。

学会应酬，半生不愁

佛靠金装，人靠衣装。一身得体的衣服，不但可以提升人的精气神，还可以体现出一种礼貌与修养。上例中，小赵与老同学的应酬之所以会出现莫名的"客套"，避开势利的因素不谈，关键是小赵着装太随便，让老同学一时产生了巨大的心理落差：脑子里想的是西装革履，事业有成的成功人士形象；眼前的小赵却是一身工作装，邋遢而又有失体面的装修工形象。如此，老同学会觉得他混得很惨，同时也觉得他很虚伪，喜欢说大话，而小赵却觉得同学很势利，喜欢以貌取人。

试想那样的场面，老同学一场，让双方情何以堪？！

应酬场合，见什么人穿什么样的衣服，已经和"见什么人说什么话"有异曲同工之妙。衣着是人的第一张名片，不管是去面试，还是与人进行商业谈判，甚至参加一个小小的party，一定要选一套适合的衣服这样与人方便，与己也方便。

意大利影星索菲亚·罗兰说："你的衣服往往表明你是哪一类型，它代表你的个性，一个与你会面的人往往会自觉地根据你的衣着来判断你的为人。"着装的确是门学问，它甚至包括肤色与服装颜色的搭配；身体比例与款式的协调；首饰与气质的和谐等元素。

或许你知道参加葬礼时应该穿黑色或者深色的服装，商业谈判时应该穿正装，但是19点以后男士才能穿黑色礼服，面试时最好不要穿顶级名牌，长裙是对粗壮脚踝的最好掩饰，这些你知道么？

在应酬场合，这不是一个简单的穿着问题，而是一种教养与礼节的体现。也许有人会说，衣服只是形式上的东西，应酬的内容才是最重要的。其实不然，着装本身就是应酬内容的一部分。你与别人应酬时，别人首先注意到的便是你的穿着打扮，从你的穿着打扮中，对方会揣摩你的个性、品位与喜好。

如，参加集体劳动时，你却穿着一身时尚、流行的服装，像都市的白领一样，就会显得不合时宜，人们自然会对你的这种装扮有"意见"；与同

★第1章★ 知套路懂规矩，迎来送往做场面

学朋友聚会，从头到脚非要着一身的名牌，就会让人觉得你有显摆、张扬之嫌；与重要的客户谈判，若穿一身休闲运动装，传达给对方的潜台词就是"我不够重视你"。

所以，应酬时的穿着也很有讲究，并不是穿得越高档越好，也不是穿得越简朴效果越差。一般来说，不论出席什么场合，穿着一定要与场合与时宜合拍，即，不论面料好差，档次高低，一定要穿出"观感"与"水准"，让人看着得体、舒服、大方，如此，既可以尽到交际之礼，又可以烘托一下应有的气氛。

尤其是与陌生人应酬时，人们潜意识里往往有"先敬罗衣后敬人"这样一种观念。所以，如果你不是很在意自己装扮的话，很有可能会"误导"对方，从而生出不必要的尴尬来。

一次，有位老板带着自己的秘书去见一位客户，见了面，客户首先热情地上前与秘书握手，并嘘寒问暖，却对老板视而不见。当得知对方是秘书时，客户非常抱歉地说："王老板真是低调啊，差点弄出大误会。"事后，王老板骂秘书不识抬举，在客人面前抢了自己镜头，让自己很没面子。秘书有苦说不出，心里只抱怨：整天提醒我，叫我注意公司形象，你却如此邋遢，出门前从不注意形象。

通常，人们对穿着整齐的人是比较有信赖感的。我们可以设想一下，见到一位穿着得体、彬彬有礼的人，你会不自觉地表现出你的礼貌与对对方的重视，相反，如果对方穿着很邋遢，你很可能会忽视对方，甚至会对他产生一定程度的轻视。由己及人，这就不难理解，当你穿着与应酬场面不合拍的服装出现在他人面前时，人们为什么常会向你投来不屑，或是异样的目光了。

尤其是在一些正式场合的应酬，穿着时一定要注意以下几个细节：

（1）注意皮鞋擦过了没有？

（2）看看裤管、袖口有没有线头？

（3）检查衬衫的扣子全部扣好了没有？

（4）男士一定照镜子看看胡子长长了没有？

（5）女士梳好头后，要在镜前检查有没有问题？

（6）是否注意到了衣服的皱纹？

▷▷应酬心经

在一些特殊的应酬场合，身上穿的已不仅是件普通的衣服，而是一件保护心灵的外衣。只有穿着得体、合时宜，才能融入应酬的圈子中，才能与人建立起一种平等的关系，才能自信、大方地与人对话。

想做朋友先做场面

小李是一家国企的业务员，平时大多数时间都在办公室里，接触的异性朋友较少，所以三十好几了还没有女朋友，家人急，领导急，小李更急。一次，一位同事帮他介绍了一个对象，刚见面，双方对对方都比较满意，可是当双方坐下来时，小李却急得额头直冒汗，他不知该和对方谈些什么，加之有些紧张，交流过程中几度出现卡壳、哑场，场面变得很尴尬。后来，那位女士借口"时候不早了"提前离开。小李知道问题出在自己身上，但也回天乏术，错过了一段姻缘。

之后，小李便多长了一个记性，平时有事没事就会关注一些比较时尚的信息，虽然足不出户，但了解的东西不比别人少。一天，老同学给他介绍了

★第1章★ 知套路懂规矩，迎来送往做场面

一个女朋友。小李问了下那女孩的基本情况，感觉还行，但又怕自己不够优秀，人家看不上，所以临时恶补了些女孩子比较关注的信息，比如，当前流行什么音乐，某位影视明星的近况如何，什么款式的衣服更时尚等。

第二天，小李一见到那女孩，就被她的气质与美貌所深深吸引。两人随后边吃边聊，聊着聊着，话题果然被那女孩引到了时装方面，小李心里窃喜，幸好自己昨晚恶补了一些这方面的功课，否则，就接不上话茬儿了。

姑娘见小李与自己有如此多的"共同语言"，也懂一些时尚元素，也很乐意和他聊更多的话题。两个人谈得很投机，事后，姑娘对小李的感觉不错，双方还互留了手机号码，至此，小李的相亲基本算是成功。

许多女士很信奉自己的第一感觉，如果第一次跟你吃饭，觉得有话可说，那么她也愿意和你吃这顿饭，如果坐在一起没有共同的话题，或者说不到一块儿去，那这顿饭吃得就会很别扭。

也许你会说："我兴趣广泛，平时也喜欢调侃，但就是在陌生人面前不善言谈，不会把控场面，经常会让场面变得很尴尬。"这种情况在相亲时较常见，除此之外，在其他一些场合也不鲜见，如，有的人面对职位与身份都比自己高的人时，就不知该如何正确应酬；有的人在人多的场合就不知该如何表达自己；有的人在陌生人在场的情况下，就不知该怎么融入整个场面……

说白了，问题只有一个，那就是这样的人不善于做场面。场面向来都是人做出来的，同样是托人办一件小事，有些人脸红脖子粗，好话说尽未必能打动人心，结果搞得自己低三下四，也让对方很尴尬；有些人心不跳眼不眨，三言两语就把事情给办了，保住了自己的面子不说，也让办事的人觉得有面子。所以，不同的人在面对同样的场面时，会表现出不一样的应对方法，得到的结果也往往是不同的。

王杰习惯在熟人圈里混，一旦与陌生人交往，就显得很拘谨、压抑、顾

虑重重。一次，参加朋友的婚宴，坐在同桌的一个也不认识。席间，大家都相互寒暄着、客套着，王杰却没有了昔日的活跃，只是一个人闷闷地品酒吃菜。偶尔与人搭上两句话，也是有来言没有去语，他越是这样，人们越有意回避着他。虽然整个宴请的场面很轻松、和谐，但是王杰却觉得自己心头始终压着一块石头，郁闷得要死。

善应酬的人往往把这种场合看作是结交新朋友的机会，他们也愿意在这种场合中表现自己，王杰却恰恰相反，他从心里很排斥陌生人，而且把在这种场合的应酬看成是一种累赘。如此，他怎么能做好一个场面人呢？

对于大多数人来说，名片盒里的人是越来越多，但真正能无话不谈的朋友却没有几个。绝大多数还是场面上的朋友，迎来送往，无非是个"您好"加上"再见"。但让人苦恼的是，若是真正的朋友，就算相对无语，彼此也不觉得尴尬。但场面上的朋友就不同了，毕竟"您好"完了，在说"再见"之前，这中间的一段空白总是要去填的。善于应酬的人，也就是公认的社交高手，他们总能漂亮地完成此类使命，让彼此轻松愉悦地进行交流。反之，只会让在场的双方感到尴尬，让场面变得沉闷。

对于一些不善应酬的人，应该学会去填补这中间的空白，如，在以下几种场合有针对性地锻炼，可以提升自己在这方面的能力。

1.交际宴会

在这样的场合，多聊一些尽可能表现自己优点的话题。也就是说，应该多谈论自己喜欢的，并且研究最深的行业，从而给大家留下深刻的第一印象。某一次的交际宴会上，小杜也去参加了，他并没有出色的相貌，穿着也很朴实。开始，大家都不注意他，席间，有人突然聊起了金融危机，小杜一听，便凑了过来，他的一番言论见解独特，让人刮目相看。不少人都过来跟他招呼，而且在了解到他毕业于某名牌大学金融专业之后，都纷纷向他递上自己的名片。真可谓是，不鸣则已，一鸣惊人。

在一些交际宴会中，与人应酬要的就是这种感觉，不但要出口成章，还要说话有分量，能给人留下深刻的印象。为此，要多在自己的特长上做文章，多谈能让别人刮目相看的事。如果你太低调，太谦虚，别人就容易忽略你，更不会记住你，那参加这样的宴会还有什么意义？既然来了就是为了能交到朋友，就是为了能让人了解并认识自己，那必要的时候就要张扬一点，高调一点。

2. 同事聚会

这样的场合，说话做事都要尽可能拉近与对方的心理距离，多寻找利益共同点，寻找和扩展在公司的同盟"战友"。但应该少谈公司的私密事，因为在这样的场合，到处是耳目，你不知道究竟谁是敌谁是友。可能你无意中说的一句话，第二天就会进了老板的耳朵。所以，话题的选择尤需谨慎，同时，一定要管好自己的嘴巴。尤其在喝酒之后，更要慎言，宁可一言不发，也不要失言。

3. 朋友聚会

朋友之间的应酬，基调应以轻松为主，或叙叙旧情，或交流现在，或展望未来，总之，应以乐观和放松的心态去赴宴，话题应轻松有趣，谈话应风趣幽默，切忌苦大仇深。如果你去了就揭自己或别人的伤疤，大家会很不开心的，集体鄙视你，因为你搅了大家的兴致。尤其同学聚会，更是如此。在朋友聚会上，也尽量不要当众开口借钱，或者大谈与金钱有关的话题，切忌炫耀自己的财富，避免伤了别人的自尊。在朋友聚会中，没有穷富，没有高低，也没有贵贱，大家一视同仁，绝不可表现出自我优越的心理。

4. 请客饭局

请客户吃饭，是日常生活中很重要的一种应酬。在这种场合，谈话的方式尤为重要，尤其在话题的选择上，应多找一些有关做生意的，又不会招致对方反感的话题。当然，向客户推销产品与服务也可以作为一个话题，但要注意一点，不要为了推销而推销，要把话题与时下的社会热点结合起来，如，推销武器你要聊战争；推销冰箱空调你可以在席间谈谈气候变化……只要话题选择到位，你就可以顺利地转入自己的产品。

有一个电器公司的营销经理，他跟客户吃饭时，谈了半天的音乐，什么莫扎特、肖邦，然后又谈了即将举办的一场音乐会，话已至此，不但自己很难拐弯，客户也听得索然无味，于是干脆问他："你能给多少折扣吧？"营销经理这才匆忙报价，对方草草还了一个价后，便没有再读下去的兴趣。

5. 相亲会

在相亲时，有些人显得比较世俗，一到桌面上就问对方一些关于家庭背景，以及家庭成员情况等比较隐私的话题，这样的话题虽然是双方关心的一些比较实际的话题，但太过直接的问话，不但会打破整个场面的氛围，而且会给人留下一种太势利的不好印象。所以，要谈一场高质量的恋爱，事先要充分了解对方的性格和兴趣爱好，多在这方面做文章，不管最终成不成，都会让场面变得和谐、轻松。

生活中的那些应酬高手，似乎就是为场面而生，不论是什么场合，他们总是能够找到新的朋友，总是善于能烘托出一种适宜的气氛，让无聊变得有趣，让沉闷变得活跃……

▷▷**应酬心经**

做场面人，不只求与人混个脸熟，还要学会说漂亮话、客套话，并且能够依据场面的形势尽可能多地博得他人的认可与好感，让他们从心理上接纳你。

★第1章★　知套路懂规矩，迎来送往做场面

8小时以外慎挂"免战牌"

"白天忙了一天，下班还要跟客户联络感情，太痛苦了！"小郝逢人便大倒苦水。近来，公司为了拓展业务，刘总经常要求小郝下班后多与新老客户应酬，什么饭局、牌局、KTV……小郝应接不暇，几天下来，整个人都要快累瘫了，但脸上还得佯装微笑。

一次，刘总又让小郝下班后去陪某客户吃饭，小郝心不甘情不愿，于是跟刘总说："今天得回家照看孩子，实在脱不开身啊，还请刘总再想想办法。"刘总的脸色突然变得很难看，严肃地说："你以为这是一次简单的饭局吗？这是工作的一部分，8小时以内是工作，8小时以外也是工作。"

犹如一把刀子架在了自己的脖子上，小郝闷声不响，看来去也得去，不去也得去。小郝很委屈，他觉得自己只是个普通的业务员，把该干的事情干好就行了，类似这样的应酬不是他的义务，更何况一周三四次，谁受得了啊？

从那次之后，刘总再也没有要求小郝下班后去陪客户。虽然小郝工作很踏实、努力，业绩有目共睹，但让他感受最深的却是不被刘总理解与重视的孤独与冷落。

职场上，经常有人抱怨8小时工作之外的应酬。不过，在竞争日益激烈

学会应酬，半生不愁

的职场上，要达成合作，当你与竞争对手的条件相差无几时，彼此与客户的"交情"往往是达成合作关系的"临门一脚"！不少职场故事告诉我们：临门一脚发挥好不好，直接关乎职场前途。

许多人习惯了早九晚五的工作节奏，工作了一天，已经够累了，下班后总想逃避各种应酬，做一些自己喜欢做的事。这种心理可以理解，但是，不是所有应酬都要一律回避，有些事关自己职业前途的应酬还是要积极地去面对。

如，你工作表现不错，上司想培养你，提拔你，但是有些话不便在公司讲，于是上司提出："下班后有时间一块儿吃个饭。"你要是委婉地拒绝了，不管借口多么美丽，多么让人信服，都很可能会错过与上司交流感情的机会。

其实，许多有价值的应酬都是在工作时间之外进行的，一来，大家都有空闲的时间，时机好选择；二来，场所选择余地也较大，有助于避开一些耳目。所以，应酬高手往往不会在上班时间到处应酬，而是会选择工作之余请客吃饭、打牌唱歌，从而，神不知鬼不觉地就把事儿给办了，把关系给融通了。

1.应酬时间

工作之余选择应酬时间也是有讲究的，迟了不行，早了也不妥，怎么拿捏其中的火候，一要靠个人的经验，二要把握好对方的安排。

有位年轻人，刚入职不久，对自己的工作还不是很在行，身边的一位老同志总是耐心地帮助他、指点他，使他进步很快。拿到第一笔工资后，为了表示对这位老同志的感谢，他想请对方吃顿饭，却一直找不到合适的时机。思前想后，觉得上班期间请不合适，太扎眼不说，老同志也未必受请。于是决定下班后找个时间点把自己的意思传达给对方。一天，刚到下班时间。他便对老同志悄悄地说："王哥，认识你这么久，今天想请你吃个便饭，还请赏脸啊。"老同志眉头一皱，摸了摸下巴，有些难为情地说："我说小李，你让我很难办啊，今天领导会上都说了，让我尽快赶一个营销方案出来，我正愁时间不够用呢。要不改天吧？"

★第1章★　知套路懂规矩，迎来送往做场面

过了两天，年轻人又发出了同样的邀请，老同志再拒绝觉得面子上过不去，不拒绝，却有其他更重要的事情等着自己。在对方再三的要求下，老同志才答应下来，结果，整顿饭只吃了十几分钟，感谢的话还没有来得及说，老同志便猴急地要离开。所以，这顿饭没有吃出什么效果，反倒成为了对方的一种累赘。

所以，在时机的选择上一定要于人于己方便，这样，双方才有充足的时间进行交流，才不会使应酬变得仓促。

另外，应酬时间的长短也是一个问题。太短的话，走过场的意味较浓，人走茶凉是必然的，太长的话，容易让对方产生一种疲劳感，进而会对你产生一种排斥。如果是一件双方一说即合的小事，最好3分钟以内了结；如果是多日不见的老朋友，一个小时，两个小时都不嫌长，这时要依对方的兴致来选择应酬时间；如果是重要的客户，该说的话说完后，再依对方的心理状况选择缩短或是延长交流时间；如果是与异性朋友应酬，时间不宜太长，10分钟到20分钟左右即可。

这里有一个细节一定要注意，如果在应酬时，对方自然或不自然地看表，看外面的天色，那就尽快找个让对方可以接受的即将结束应酬的借口，来体面地结束这次谈话。

2.应酬场合

工作期间，应酬的场所通常是办公室、走廊、大厅等地方，在这些地方，只适合谈工作上的事情，或是见面简单地打招呼表示问候。如果要谈一些私人之间的事，或是进行一些生意上、圈子内的应酬，就必须要考虑办公室以外的应酬场所。如果场所选择不当，应酬的效果就会打折扣。

有位客人要到某公司拜访，由于快要到下班时间了，于是经理便打电话给客人说："我6点半在楼下大厅等你。"客人匆匆赶来，只见经理早已等候在空荡荡的大厅。经理招呼客人坐下后，便直奔主题，其间没有给客人上一杯茶，点一支烟，整个应酬场面冷淡而沉闷，客人哪有兴致深入展开话题，

学会应酬，半生不愁

不一会儿，客人便客套道："今天时间不早了，咱们日后再详聊，真是给您带来不便。"经理也客套着："哪里，哪里。"

事后，客人心里一个劲儿在骂娘：哪有在这地方谈生意的？！如此待客，还想从我身上赚钱，我傻啊？

请人娱乐最好到KTV或娱乐城；与人谈生意，最好到商务宾馆或是饭店；青年男女谈情说爱，就要到僻静的公园或小河边上；认识新朋友最好到快餐店等。每种应酬场所都有各自的特点，只有把握住这些特点，才能让应酬达到预期的效果。以下重点介绍几种常见的工作之余适合应酬的场所。

（1）家里。在自己家里时，一般心情较为"解放"，对事物的理解比较理性，所以，有些事最好还是到自己家里，或是别人家里去谈。相比之下，办公室总给人一种有很多事要办的感觉，缺少一种专心致志和人谈话的氛围。如果下级想请他的上司解决某种困难，最好到上司的家里去，上司会静心、耐心地听你倾诉苦衷。有时，朋友、同事间为了解除某种误会，也多上门到家去交谈。这样做，一般效果都很好。

（2）车上。下班坐车回家的路上，人们一般都无事可做，这个时候与人聊聊天，说说话，会让整个乘车的过程变得充实、有趣。往往在这个时间段，人们也愿意通过这种方式打发无聊的时间。所以，如果对方是你新结识的同事或朋友，大家又正好是顺路，可以在乘车的时候多与对方交流。

（3）饭馆。一般人说的"我晚上有应酬，"多半是请人吃饭，或者别人请他吃饭，可见，饭店是应酬的一个很重要的场合。很多人做生意、办事时，都会先通过各种饭局来增进与对方的关系，这也是中国人应酬的一个传统。不论大事小事，把它摆到饭桌上谈要比摆在谈判桌上谈效果好得多。其中的缘由不说自明。

每种应酬都需要一个场所，场所不同，收效也会有所不同。所以，在应酬场合的选择上一定要讲究。因为这两个因素直接决定着应酬的效果或成败。

★第1章★ 知套路懂规矩，迎来送往做场面

▷▷应酬心经

工作之外，应根据应酬的对象与主题，有区别地选择应酬的时机与场合，只有应酬的主题与场所匹配，应酬的时机把握得当，才能让应酬变得轻松、自在，而又有实效。

应酬必知的"型"与"道"

丽丽的处世经验不多，做事很孩子气，对职场、交际场上的一些规则与潜规则也知之甚少。虽然她聪明好学，多才多艺，但在朋友圈子总还是觉得自己吃不开。

一次宴会上，她认识了一位美女总裁，对方夸她人聪明，长得也漂亮，并开玩笑说："小妹妹这么有才，人也机灵，我真想把你挖过来敞秘书。"丽丽接过话茬，问："罗总能给我开多少钱一个月，合适的话，我就到那干了。"

美女总裁笑了笑说："欢迎啊，只怕是你们老板不放人啊。"

丽丽也跟着笑了，笑得很甜很美。之后，她向对方索要了名片。几天后，丽丽敲开了美女总裁办公室的房门，见到对方后兴奋地说："罗总，我来报到了。"

对方很是惊讶，问她："你不会是在开玩笑吧？"

丽丽表现出一副可爱的姿态，神秘地说："为了能做你的秘书，我刚把那边的工作辞了，这回老板不放也得放哦。"

学会应酬，半生不愁

美女总裁一副苦笑状："我那天是和你开玩笑的，你怎么能当真呢！"

丽丽顿时被雷得不轻，木头桩一样立在原地，呆得一句话也说不出来。

"既然都这样了，那我就收留了你吧，秘书职位现在没有空缺，你要不先到客服部门做接线员吧。"

接线员？那不太屈才了吗？与其如此，还不如回去做自己的文员。但刚辞了职，又怎么好意思回去？丽丽两头为难，心里只怪自己太天真，对别人的客套话太过认真。

一个人的应酬能力与其学历，甚至与其的工作能力等并不成正比。你可以有出众的长相，过人的学历，丰富的工作经验，但你未必有很强的应酬能力及适应社会的能力。看似应酬能力与工作能力表现是隔阂开来的，但是，你应酬能力的强弱，建立与维护人际关系能力的强弱会直接或间接地影响你的工作绩效。

在职场上混得开的人，未必都具有一流的工作技能，丰富的工作经验，但是他们肯定是处理人际关系的高手，始终能够和上司、同事，或是下属融洽地相处，使自己在工作中具有好人缘儿、好名声。做到这一点，不但要懂得一般应酬活动的常识，而且也要清楚什么样的应酬应该采取什么样的策略与技巧。

具体来说，就是必须清楚应酬的"型"与"道"。通常我们把职场与生活中的应酬归结为"三型"与"三道"。

1. 应酬三型

几乎所有的应酬都可以划分为三种类型，即抽出型应酬、渗进型应酬、相谈型应酬。每种应酬都会对应若干种不同的场景，在与他人应酬过程中，一定要明白其中的玄机。

（1）抽出型应酬。就是要把对方所知的事，用应酬的方式"抽"出来。如，法官对被告，新闻记者对采访对象，医生对病人等都是前者要向后者

"抽出"某种信息与材料的。

简单地说,通过应酬想从对方那里得到某种信息,或应酬具有一定的目的性,这种应酬便属于抽出型应酬。如,你想从客户那里了解一些最新的情况,为此,你要找个借口接近客户,并通过一定的应酬方式,或委婉,或直接地来获得你想要的信息。

小王想求朋友办点事,但又不知朋友的态度如何,怕贸然提出会给对方带来不便,于是,他便委婉地向朋友说:"有件事情憋在心里很久了,让人着急上火,很想找个时间与人聊聊。"朋友见状,便问:"什么事,可以说出来,说不定我还能帮助你呢。"小王顺势把自己心思讲出来,朋友一听,这算不上什么难事,于是当面答应帮他一把。

应酬高手很善于运用这种应酬方式来获得有价值的信息,或争取到他人的帮助。当然,要争取别人的帮助,前提是,双方之间一定要有交情。

(2)渗进型应酬。就是说,你要把自己的意志或情感,渗入到对方的心理。经纪人的工作,就是这种应酬的典型。再如,发号施令,向人借贷,调兵遣将,甚至求婚,都可列入此类。

最高明的渗进型应酬,是别人在潜移默化中被你影响了,左右了,却浑然不知。即,应酬不具有某种强迫性,如,别人不愿意接受你的观点,你却一再强调自己观点的正确性,对方很可能为了面子,表面上承认你的观点,但心里却不一定服你。

有一位电脑公司的推销员,为了推销而去拜访某位客人,其巧舌如簧,客人明知言过其实,却出于情面不好意思推却,勉强订购一部,这次推销员虽然做成了生意,但并不能算是成功的渗进型应酬。

(3)相谈型应酬。举例来说,就是为了解决某个问题,需要和某人商量来交换意见,以期在某些方面达成一致,这样的应酬可以称为相谈型应酬。这其中最典型的应酬就是谈判。

如果对方先提出应酬要求,一定要多听少说,并注意整理、归纳对方要表达的中心议题。如果是自己先提出应酬要求,一定要注意叙述的顺序与方式,以便让对方准确无误地理解你的意思。

2.应酬三道

行为是认识的基础,而认识又往往是行为的先导。在应酬过程中,你能否与他人建立长久合作关系,就看你有没有掌握应酬中的"三道",即公道、厚道、周到。

(1)公道。公道就是以公正、公平、正确的态度去处事待人。如,有人常说某某做事不公道,甚至非常"霸道"等。意思就是说,这个人做事有失公平,不讲道理。所以,在应酬中要做到公道,必须要实事求是,尽可能站在中立的角度去思考、看待问题。

众所周知,相对于公道的可以说是"私道",私道的核心就是"唯我",以我为中心,以私利为半径画圆。更恶劣的是"霸道",顺我者昌逆我者亡,蛮横强暴,强词夺理。有道是一时强弱在于力,千古强弱在于理,霸道的人可以逞强于一时,而不能逞强于一世,唯我独尊,称王称霸,最终不可能有好的人脉关系。

热衷于"私道"和"霸道",是日常应酬中的两个大忌,以公道对待他人,他人才能还你以公道。

(2)厚道。厚道是对一个人待人处事品质的褒奖,它的内涵丰富,寓意深广。通常我们所说的厚道,是指一个人待人以诚,能宽容,不刻薄。厚道的人,不欺不诈,不蒙不骗,大局为重,与人为善,不争名夺利,不计个人恩怨,能忍受非原则的误解和委屈,却不是浑噩麻木的庸俗之人。

厚道的人是能冲破世俗观念的羁绊,站得更高,看得更远,有着深厚的思想和道德修养。在日常应酬中,如果一个人有失厚道,而总是想着利用他人的厚道占一些小便宜,以满足自己的私利,其最终只能为人所不齿。

每个人的圈子里,或多或少都有这样的人,他们喜欢在朋友中间耍一点小聪明,做事唯利是图,经常利用大家"不好意思"来占取蝇头小利。久而久之，这样的人就会失信于人，给人留下一种做事不厚道的印象。

在日常应酬中，只有以诚实待人，以厚道处事，你才会得到越来越多的朋友与合作者。

（3）周到。所谓周到，无疑就是指面面俱到，没有遗漏，没有疏忽，兼顾多面，整体涵盖等。做事周到，思想周密的人，往往会得到人们的尊敬。

有些人很会来事儿，待人接物想得很周到，急他人之所急，想他人之所想，不但善于消除他人的后顾之忧，而且态度真诚、热情。事后往往会给对方留下良好的印象。

在日常应酬中，不管面对的是谁，只要掌握好应酬的型与道，处处保持冷静、理性，便可以让应酬变成一件轻松、愉快，而卓有成效的事情。

▷▷**应酬心经**

不要总把应酬当作讨对方欢心的事情，在应酬形式的设计上也可以兼顾自己的喜好。只要兼顾自己与他人的喜好，并掌握好相应的应酬的技巧，便可以不断拓宽自己的应酬渠道，让应酬变得越来越潇洒、大方。

第2章 小事情要糊涂，装傻充愣顾大局

聪明的人做事会注重细节，但绝不会在小事情上变得太精明。相反，有时在小事情上表现出你的无知与鲁莽，反倒会突显出你的气度与修养。尤其在一些无关痛痒的小事情上，一定要学会做一个精明的糊涂人，不说过分话，不做过分的事，采取低调、务实的态度反倒比出风头，卖萌做秀让人看着更实在，更可信。

学会应酬，半生不愁

糊涂应酬少是非

有位先生和朋友去拜访一位教授。那个教授为人严肃，平时不苟言笑。到了午饭时间，他们被教授邀请在他家中吃午饭，而吃饭的过程中，大家除了开头说了几句应酬的话，剩下的只是让人尴尬的沉默。席间，那位先生注意到了教授家养的热带鱼，其中几条色彩斑斓，游起来让人眼花缭乱。其实他知道这鱼叫"地图"，自己也养了几条，还很得意地为朋友介绍过。教授见那位先生神情专注地盯着鱼缸，就笑着问："还可以吧？才买的，见过吗？"就听那位先生说："还真没见过。叫什么名字？明儿我也打算养几条呢！"当时他的朋友不解地看看他，心想：装什么糊涂，你自己不是养了几条吗？

可教授一听，来了兴致，神采飞扬，大谈特谈了自己的养鱼经，那位先生边听边频频点头。教授像是遇到了知音，说说笑笑，如数家珍地给他讲每条鱼的来历、名称、特征，饭后更是拉着他到书房看自己收集的各类名贵热带鱼的照片，气氛顿时活跃起来。原本打算2个小时的拜访，没想到竟聊了6个小时，朋友才突然领悟到那位先生说谎话的用意。

人有聪明和糊涂之分。聪明人明察秋毫，反应敏锐，把大大小小的事都记在心里，总要找到解决办法才肯罢手，因此，往往心力交瘁，筋疲力尽；

★第2章★　小事情要糊涂，装傻充愣顾大局

糊涂人把什么事都能看开、看淡，反应迟钝，反而活得潇洒自如，轻松自得。实际上，生活中的许多事不必看得太透，更不必都装在心里。难得糊涂是解脱烦恼的最好办法，这样，你才可以集中精力去想自己应该做的事，而不是将精力耗费在如何应酬别人身上。有些人觉得活得累，人际关系不顺，主要是因为太在乎别人对自己的看法，整天把心思都用在了别人身上，等到需要自己表现时，反而没有了精力。

苏轼说："大勇若怯，大智若愚。"真正精明的人在应酬过程中，往往是该糊涂时便糊涂。小事情糊涂一下就过去了，在心里不留一点痕迹，大事情却揣着明白装糊涂，当然，该精明时绝不含糊，如此的应酬境界，自然可以让他们一举多得——面子照顾到了，利益照顾到了，人脉关系也照顾到了。

那如何在小事情上装糊涂，更能让你的言辞具有说服力，让你的表现更有亲和力呢？一般来说，有两点值得注意。

1.打个幽默的太极

幽默是处理人际关系最有效的润滑剂，也是化解尴尬与误会的重要技巧之一，在装糊涂的时候，可以通过一些幽默的表达方式，来委婉地表示你的"无知"，以尽可能维护对方的自尊，免于刺激对方的情绪。

英国牛津大学有个名叫艾尔弗雷特的学生，因能写点诗而在学校小有名气。一天，他在同学面前朗诵自己的诗。有个叫查尔斯的同学说："艾尔弗雷特的诗我非常感兴趣，它是从一本书里偷来的。"艾尔弗雷特非常恼火，要求查尔斯当众向他道歉。查尔斯想了想，答应了。他说："我以前很少收回自己讲过的话。但这一次，我认错了。我本来以为艾尔弗雷特的诗是从我读的那本书里偷来的，但我到房里翻开那本书一看，发现那首诗仍然在那里。"

两句话表面上不同，"艾尔弗雷特的诗是从我读的那本书里偷来的"，也就是指艾尔弗雷特抄袭了那首诗；"那首诗仍然在那里"，指的是被艾尔弗雷特抄袭的那首诗还在书中。意思没有变，而且进一步肯定了那首诗是抄袭的。表面上看，是自己示弱了，其实，这种看似愚蠢的回答却显示出了他

的智慧。所以，聪明人的糊涂反映出来的是一种修养，一种深沉与老练。

2.来点"无知"的单纯

应酬时要避免太过世故、老练，或是锋芒毕露，棱角太多，那样不但让人难以接近，而且也容易伤人。必要的时候，要单纯一点，明明知道的事，可以说"不清楚"；在一些过于敏感的问题上，可以适当装疯卖傻；大家都秘而不宣的事，也不要急着爆料……

试想有这么一个人，不论你向他说什么，他都习惯回答："这又有什么，我见的多了。"或者说："这件事情我早就知道了，有什么稀罕。"几次下来，相信你也没有兴趣与他再聊一些自认为新鲜的话题。相反，如果对方抱着这样一种态度：不论你说什么，都表现出浓厚的兴趣，并且愿意洗耳恭听："还有这事？赶快说来听听。"那你对这个人的态度与评价也不会太差。

有些人明明知道某件事情，当别人主动提及时，还是会表现一副很感兴趣的样子，其实，这就是一种"糊涂"，一种人为的"单纯"。通常人们也愿意与较单纯的人谈一些新鲜的话题，因为他们不必担心自己讲得不对，或出现漏洞时会被对方及时发现，并纠正过来。如果与涉世较深的精明人谈这些话题，则会产生一定的顾虑。

所以，聪明人的糊涂是一种韬略和智慧。生活中，在一些事情上看似糊涂的人，实际上是真正精明的人。各种应酬场合，我们经常会见到这样的人，他们经常不按常理"出牌"，在普通人眼中不是另类，就是愚蠢，其实真正能读懂他们的人会明白。这其实是一种大智若愚。尤其是在一些小事情上，适当的时候让自己揣着明白装糊涂是一种生存智慧，也是一种做人的境界。

▷▷应酬心经

一般人都不喜欢谋略意识较强的人，也就是心眼太多的人。如果你事事都表现得聪明过人，不落下风，那你就让人觉得很难接近，很难相处。所以众人皆醉的时候，你不要独醒。

★第2章★　小事情要糊涂，装傻充愣顾大局

学会自嘲，才能自保

　　小庄是某公司的白领，在朋友圈中收入算是高的。每次朋友聚会，他都会极力避免在这个话题上刺激大家，一提到这个问题，他总是习惯哭穷说："工作累得要命，还得加班加点，开销大，几乎是月月光。"借此，可以让一些挣扎在温饱线上的朋友从心理上获得些许的平衡。一次，在与几位穷朋友应酬时，人人都夸小庄是班上的人才，人长得帅气，收入也高，属精英阶层，并开玩笑地调侃：发迹后可不要看不起这帮哥儿们。小庄被捧得有些不好意思，于是自我解嘲似地说："呵呵，什么白领，蓝领的，白领是什么，白领就是今天领了薪水，交了房租水电，买了油米泡面，摸了口袋，感叹一声，这个月工资又白领了……"话音刚落，众人都跟着笑了起来，这一笑，大家的心理距离拉近了不少，也少了许多因为职业与收入差别产生的心理隔阂。

　　或多或少，每个人都曾遭遇过令人难堪的人与事。但是，大部分人在处理这些事情时显得并不高明，不是脸红脖子粗与人狡辩，让场面变得更尴尬，就是任由场面失控，使自己越来越处于不利的地位。究其原因，他们在遇到令人尴尬的事情时，首先不是想着如何去改变自己，而总是想着如何去改变别人。

　　聪明的人遇到尴尬事情时，善于从自己的身上找化解问题的突破口，其

中最常用的应酬技巧就是自嘲。自嘲，不但可以化解尴尬的场面，而且还可以体现出自身良好的精神修养。

平时，亲朋好友聚在一起难免有说有笑。正因为大家都很少忌讳什么，所以，经常会出现一些让大家尴尬的场面。有一群十多年没有见面的老同学，其中有一男一女曾是同桌，所以交谈起来遮拦便会少一些。那位女同学的丈夫不久前因病去世，男同学并不知道，因而在玩笑中一无顾忌地提及其丈夫。另一同学知情，于是急忙转移话题，但那位同学却把玩笑开得更大了。见状，阻止的那位同学只得说出实情，这位男同学顿时觉得无地自容，非常尴尬。

不过他迅速回过神，先是在自己脸上拍了一把掌，之后调侃似地说："你看我这张嘴，十几年过去了，还和当学生时一样没有把门的，不知高低深浅，只知道胡说八道。该打嘴！该打嘴！"女同学见状，虽有说不出的苦涩，但仍大度地原谅了老同学的唐突，苦笑着说："不知者不为怪，事情过去很久了，现在可以不提它了。"

这位男同学正是利用自嘲，巧妙地化解了尴尬的场面，最终在得到同学原谅的同时，也给自己找了一个台阶下。生活中，一旦因自己失误而造成尴尬的场面，让自己或别人一时下不了台，最聪明的办法是：多些调侃，少些掩饰；多些自嘲，少些自以为是；多些低姿态，少些趾高气扬。像上面那位无意中触及他人隐痛的男同学，用调侃自嘲之法，低调圆场，便可以顺势找一个台阶下。

有些不知趣的人在窘境之下，却并不能及时调整自己的思路，从另一种角度想着去改变眼前的局面，而是将错就错，结果只能有两种：一种是自己"越描越黑"；一种是僵化双方的关系。

张经理任职于一家广告公司，虽然他的创意很独特、新颖，经常得到老板的赞赏，但是，苦于自己没有一副好长相，经常会成为同事们茶余饭后开玩笑的素材。在一次会议上，他果断地否定了一位女同事的创意，但立刻遭到了对方讥笑似地反驳："不要一味地否定别人，人人都有自己的缺点，看看你的长相就知道了。"在场的人都显得很尴尬，虽然这时有人站出来说圆场的话，但是张经理还是忍不住要发泄自己的愤怒："你以为自己长得漂亮啊？肚鼓腰圆的，也不照照镜子看看！"如此你一言，我一语，会议上的火药味越来越浓。

的确，当着许多人的面被人有意或是无意伤害，是一件很没面子的事情。这时，维护自己的自尊是应该的，但是要注意说话的方式。如果谁也不服谁以硬碰硬，最终的结果只能是两败俱伤；如果听之任之，没有丝毫反应，会让人觉得窝囊。所以，这位张经理的做法显得欠妥，如果他当初能够选择自嘲的方式来回击对方，如可以说："正因为我长得丑，所以，工作才显得漂亮。"这给人一种暗示：我很自信，并不觉得丑也是一种理亏。或者说："你说得非常对，但是你告诉我又有什么办法呢？"想必对方很难回答这个问题，如果对方再肆无忌惮，那她不论再说什么，在众人面前都是一种理亏。

学会自嘲，才能自保。在令人尴尬的情境中，自嘲可以使你的自尊心通过自我排解的方式受到保护，并且，还能体现出自己的大度胸怀。但并不是每一个人都有宽宏的气量，善于拿自己的缺点与不足开玩笑，以化解一些尴尬的场面，有时自嘲不当，只会让自己变得更尴尬。

▷▷**应酬心经**

自嘲不是自我嘲弄，而是一种貌似消极、实为积极的促使交谈向好的方向转化的手段。你的自嘲要体现出高度的自信、强烈的自尊与自爱。

学会应酬，半生不愁

不要轻易指出别人的错误

不论在同事当中，还是昔日的同学圈中，小军是有名的实心眼儿，有什么话都藏不住，有些话一经他的嘴，不是得罪人，就是让场面变得尴尬。一次工作之余，几位同事闲聊起来，其中一位同事伸着胳膊说："我这块表是一位在国外的朋友送的，听说在那边要800多英镑呢。"大家听后都做惊讶状，纷纷为他有这样一位出手阔气的有钱朋友而羡慕不已，那位同事很得意，继续在大家面前炫耀自己都结交了哪些有钱的朋友。

这时，小军从人群中冒了出来，冷不防给对方泼了一瓢凉水："什么？800英镑！那要合大概8000人民币，据我所知，英国物价……我虽然没有出过国，说实话，你这表至多也就值2000人民币……"

一句话，把同事说得脸青一阵，白一阵，场面好不尴尬。众人见状，也都假装没有听清，有人私下用胳膊肘碰了碰他，示意他闭嘴。

小军还想向大家证明什么，却见在场的人开始转换话题，没有人敢接他的话茬儿。事后，小军很郁闷：真诚待人，实话实说，反倒人们不爱听，现在的人到底是怎么了？

无论你用什么方式指出别人的错误，如用一个眼神，一种说话的声调，一个手势等，或者你直接告诉他："你错了。"你以为他会同意你吗？绝不

★第2章★　小事情要糊涂，装傻充愣顾大局

会！因为你直接打击了他的智慧、判断力、荣耀和自尊心，这反而会激起他的反击，而不会使他改变主意。即使你搬出所有柏拉图或康德的逻辑，也改变不了他的态度，因为你已经制造了一个敌人。

因此，永远不要这样开场："好，我证明给你看。"这句话大错特错，这等于是说："我比你更聪明。我要告诉你一些事，使你改变看法。"那是一种挑战。那样只会激怒对方，所以，在你尚未开始之前，对方已经准备迎战了。

即使在最温和的情况下，要改变别人的主意都不容易，为什么要采取更激烈的方式使之服你呢？如果你要证明什么，不要让任何人看出来。这就需要运用技巧，使对方察觉不出来。

英国十九世纪政治家查士德·裴尔爵士对他的儿子说过一句这样的话："如果可能的话，要比别人聪明，却不要告诉人家你比他聪明。"我们不能奢望比查士德·裴尔爵士更聪明，因此我们不要再告诉别人他们错了。

如果有人说了一句你认为错误的话，你宁可这样说："是这样的！我倒另有一种想法，但也许不对。我常常会弄错，如果我弄错了，我很愿意被纠正过来。我们来看看问题的所在吧。"但不要用这样的口吻说："我觉得你的说法不太正确……"

许多时候，尤其是指正自尊心较强的人的错误，用诸如"我也许不对，我常常会弄错，我们来看看问题的所在"的句子确实会得到神奇的效果。

卡耐基课程教学班上有一位学员名叫哈尔德·伦克，他是道奇汽车在蒙大拿州比林斯的代理商。因为销售汽车这个行业压力很大，因此他在处理顾客的抱怨时，常常冷酷无情，于是经常与客户产生冲突，让生意变得更难做。

他在班上说："当了解这种情形并没有好处后，我就尝试另一种方法。我会这样说：'我们确实犯了不少错误，真是不好意思。关于你的车子，我们可能也有错，请你告诉我。'这个办法很快就能使顾客变得平静，这时，顾客更乐意与你讲道理，因此，事情就容易解决了。很多顾客还因为我这种

谅解的态度而向我致谢，其中两位还介绍他们的朋友来买新车子。

这位聪明的代理商的做法，不但会避免所有的争执，而且可以使对方跟你一样变得宽宏大度，承认他也可能弄错。

有些时候，的确是因为自己的错误而得罪了别人，这时，你最好不要狡辩，而要学会坦诚地承认，并率直地告诉对方。如果是别人做错了，最好不要太直白，而要学会圆滑一点。因为，现实生活中，多数人都具有固执、嫉妒、恐惧和傲慢的缺点，在一些事情上他们也经常会犯有武断、偏见的毛病。因此，如果你很想指出别人犯的错误时，那么就有必要读一读詹姆士·哈维·罗宾森教授在《下决心的过程》中的一段话：

"我们有时会在毫无抗拒或被热情淹没的情形下改变自己的想法，但是如果有人说我们错了，反而会使我们迁怒对方，更固执己见。我们会毫无根据地形成自己的想法，但如果有人不同意我们的想法时，我们反而会全心全意维护自己的想法。显然不是那些想法对我们珍贵，而是我们的自尊心受到了威胁……'我的'这个简单的词，是做人处世关系中最重要的，妥善运用这两个字才是智慧之源。不论说'我的'晚餐，'我的'狗，'我的'房子，'我的'父亲，'我的'国家或'我的'上帝，都具备相同的力量……"

虽然每一个人的个性特点不同，但是，每一个人都有这样一个特性，那就是都"愿意继续相信以往惯于相信的事"，而如果一旦自己所相信的事遭到了怀疑，他就会找尽借口来为自己的信念辩护。

▶▶应酬心经

有一句古老而真实的格言说："一滴蜜比一加仑胆汁能捕到更多的苍蝇。"这句话对职场应酬的启示意义在于：在面对别人的错误时，要尽可能表现出你的友善、温和宽容，而不要坦诚与直白。用一滴蜜，而不是一加仑的胆汁去赢得他的心，这是一项最重要的交际原则，也是一种对待他人错误的有效方式。

★ 第 2 章 ★　小事情要糊涂，装傻充愣顾大局

看问题要开，想问题要活

一段时间，员工加班时经常需要自己生火做饭，今天你用电炉煮面，明天我用电暖气取暖。因为用公司的电不花自己一分钱，所以，大家都显得不够节俭。

小王很看不惯这种行为，有时会提醒身边的同事要省着点用电，同事以为是玩笑话，也不当回事。后来，一次月度会议上，小王郑重其事地把这个问题摆在了台面上："我建议以后大家要节约用电，限制用电量，要知道现在每天的用电量都有百十来度啊。"大家面面相觑，都觉得小王是"皇帝不急太监急"，尤其是那些用电大户更是直面指出："限不限制，这要由领导说了算……"会场的气氛很凝重、压抑。

见状，领导笑呵呵地说："在这个问题上，全靠大家的自觉，用多用少无所谓，只要不浪费就好。"

原来，这件事情领导比谁都清楚：员工私下经常使用大功率电器，而且不注意节俭。但是他从没有主动提及过，主要是因为，员工加班只是一种短期行为，自己不便也不好意思提醒员工什么，所以，就睁一只眼闭一只眼，也不想在这件事上太认真。

小王却很不识相，自己看不惯这种行为，便当着领导的面提了出来，结果"得罪"了同事不说，也是在给领导的工作"找茬"。

可以想见，像小王这样的较真的人，虽然是站在公司的立场上发表看法，但是，领导肯定也会在心里骂他是个"愣头青"。真可谓是里外不讨好。

以这样的态度去行人行事，很容易僵化与他人的关系，让自己走入"死胡同"。可见，凡事不必太较真、认死理，必要的时候要学会"拐弯"，避开大家都知道却不轻易触及的"雷区"。

待人接物太较真的人，人生观往往是非黑即白，非对即错，并固执地认为自己很有原则性。其实世界上很少事物是绝对的黑和白，绝对的对和错。大部分情况，是处于这二者之间，即灰色领域内。

较真的人往往过于保守。生活中，越是保守的人越会为自己人为地圈定应酬的范围，越了这个界不行，过了那条线不对，久而久之，自己也不得解脱，最终会成为孤家寡人。

做人不要太较真，该豁达的时候要豁达，该马虎的时候要马虎，有收有放，进退自如才是成功做人的关键。具体来说，在与人应酬时，关键时候要学会"转弯"，变换一个角度看问题。

1.缺点背后要看到优点

有些人个性很强，见到不顺眼的人与事，就会不时提出自己的批评与意见，并且习惯用个人的道德标准来审视别人，要求别人。这样做的结果往往是：几乎在每一个人身上，他都能看到缺点与不足，似乎只有他自己才是完美无缺的。

小张一向自我感觉良好，有着很强的个人优越感："论学历我是最高的，论能力我绝对数一数二……"所以，当大家一谈起某人时，知趣的人都会想法去描述这个人的优点，而小张总是一副不以为然的样子，听到某人被夸奖，会时不时来上一句："我看他就会拍领导的马屁。"要么就是说："我就没有看出他哪里过人，连说话都打着颤抖音。"当大家都了解了小张的这一习惯后，当着他的面不敢再随便提及他人的名字，生怕受了牵连。并且与其谈论一些话题时，也是相当小心谨慎。

像小张这样见谁都不服，总喜欢以刻薄的态度来评价他人的做法，往往很难让人从心理上接受，并且容易伤害他人。每一个人都是有缺点的，在看到别人缺点的同时，更要看到其身上的优点，并学会在私下多以理解人、体谅人的态度去多说他人的好话，这样，才能为自己树立起良好的口碑。

2.多些宽容与包容

不要戴着道德的有色眼镜看人，那样很容易使自己把目光仅仅停留在那些缺点和不足上，而忽略了对对方优点的关注。

有些人做事豁达，对他人的错误与缺点表现得很宽容，善于站在别人的立场考虑问题，人们也愿意与这样的人共事、交往。反之，眼睛里揉不得一点沙子，喜欢吹毛求疵，习惯抓着别人的小辫子不放，且得理不饶人，这样的人很难与人融洽地相处。

没有谁敢保证自己周围的人都是完美无缺的，只有抱着一种豁达的胸怀，以容人之短的大气量去与别人应酬交往，凡事别太较真，该睁眼时睁眼，该闭眼时闭眼，这样才能把人际关系做活，才能表现出自己的大气度与容人的雅量。

3.不要奢求让所有人满意

有一个被人广为称道的事例，说某一位诗人一次把自己的得意文作拿到广场上去展览，很自信地对观众说："如果你们认为有败笔，尽可以指出。"到了晚上，诗人的作品上标满了记号，人们挑出了无数他们认为是败笔的地方。诗人非常不甘心，他灵机一动，又写了一首完全相同的诗拿到广场上展出，不同的是他请观众标出诗中的妙处。结果到了晚上，诗人看到所有曾被指责为败笔的地方，如今都换上了赞美为妙笔的记号。诗人的结论是：

"我发现了一个奥秘，那就是，不管我们干什么，只要使一部分人满意就够了，因为，在有些人看来是丑恶的东西，在另一些人的眼里，恰恰是美好的。"

4.理性看待吃亏问题

在对待个人利益问题上，要聪明，不要太精明。尤其是与朋友应酬，免不了要产生些花销，如果把账算得太精太细，不但让朋友面子上难堪，而且也有失自己的形象，影响自己的人缘儿。一次，A先生与两位朋友一块儿下馆子吃饭，事先大家商量好要采用AA制，结账时，一共花了120多元。事后，A先生却向朋友说："这顿饭我一瓶啤酒也没有喝，你们每人比我多喝两瓶，我理应少付10块才对。"朋友听后，以为他是在开玩笑，后来才知道他是认真的。这事传出去之后，便成了朋友圈中的一大笑话，日后，虽然大家见了面还是有说有笑，但是却鲜经济往来，一块儿下馆子的机会更是少之又少。

像这样斤斤计较的人，是很难交到知心朋友的。朋友之间有经济往来实属正常，有些时间，一些蝇头小利最好不要算得太清，大家做到心知肚明就可以了，如果一定要讲出来，摆在台面上谈，那很可能会伤害彼此间的友情。所以，在维护个人利益时，聪明也是有限度的，千万不要聪明反被聪明误。

处世不要太较真，并不是鼓励你去吃亏，而是指：做人做事不要太死板，不懂变通，过于拘泥于形式。在有些事情上，处理方式要灵活，能睁一只眼就只睁一只眼，能马虎就马虎一点。

▷▷**应酬心经**

天下没有过不去的河，也没有解决不了的问题，关键是要懂得"转弯"。你自己拥有的并不一定是真理，他人持不同意见时，也可能是对的，或可能有部分道理。所以，要学会放下心中固有的观念，开放自己，以拓展自己的心灵空间。

★第2章★ 小事情要糊涂，装傻充愣顾大局

事情越小调子要越低

一天，某位女士与一位朋友聊天，其间谈到了孩子的学习情况。朋友说："我那儿子天生就不是读书的料，这次高考才考了300分，连个二本也考不上。"某女士一听，不等对方把话说完，便抢着说："是啊，我家的儿子也不争气，你说多不差少不差，就差2分！"

朋友惊讶地问道："差2分上二本吗？"

"二本倒没有考虑过，是差2分就上了清华，你说让我那个难受呀。"

"哦……"

接着，这位女士抱怨儿子这不行，那也不行，其实，明眼人一眼就能看出来，她是在借自贬间接地夸奖儿子聪明过人。

因为这位女士总是改不掉这种喜欢"显摆"的毛病，所以，大家都觉得她太虚伪，爱攀比，逐渐都开始不愿与她谈一些较私密的事情。

学会低调做人，就是要不喧闹、不娇柔、不造作、不故作呻吟、不假惺惺、不卷进是非、不招人嫌、不招人嫉，即使你认为自己满腹才华，能力比别人强，也要学会藏拙。低调做人无论在官场、商场，还是其他应酬场合，都是一种进可攻、退可守，看似平淡，实则高深的处世谋略。

尤其是在小事情上，一定要做到低调行事，具体来说，就是要学会在姿

态、心态、行为、言辞等方面尽量包着点，不要太张扬，以免树大招风，惹人讨厌。

1.姿态上要低调

不管与什么人应酬共事，首先一定要放低姿态，必要时要表现出一种大智若愚。要做到这一点，重在一个"若"字，"若"设计了巨大的假象与骗局，掩饰了真实的野心、权欲、才华、声望、感情。这种甘为愚钝，甘当弱者的低调做人术，实际上是精于算计的隐蔽，它鼓励人们不求争先、不露真相，让自己明明白白过一生。

有些人生来就有一种傲气，让人觉得不容易接近，其实说白了，就是其把姿态摆得太高，给人一种距离感。不论你职位与身份有多高，也不管对方多么卑微，在与人应酬前，一定要先放低你姿态，这样才能与别人建立起平等的交流。

2.心态上要低调

与人应酬应忌讳恃才傲物：当你取得成绩时，你要感谢他人、与人分享、为人谦卑。如果你习惯了恃才傲物，看不起别人，那么总有一天你会独吞苦果！请记住：恃才傲物是做人一大忌。

只有摆正心态，把调子定得低一些，把事情看得淡一些，那么在别人看来你才会是一个谦逊的人，一个淡泊名利的人。有些人一取得一点成绩，就看不起这个，瞧不上那个，即使嘴上不说出来，也会给人一种傲气凌人的感觉。像这样的人就很难取得别人的信任，很难建立良好的口碑。

3.行为上要低调

暴露在外的椽子自然要先腐烂，过分的张扬自己，就会经受更多的风吹雨打。一个人在社会上，如果不合时宜地过分张扬、卖弄，那么不管多么优秀，都难免会遭到明枪暗箭的打击和攻击。

有些人稍有名气就到处洋洋得意地自夸，喜欢被别人奉承，这些人迟早会吃亏。尤其在你表现得比别人优秀时，一定要学会藏锋敛迹、装憨卖

★第2章★ 小事情要糊涂：装傻充愣顾大局

乖，千万不要把自己变成对方射击的靶子。

所以，在待人处世中一定要低调，当自己处于不利地位，或者危险之时，不妨先退让一步，这样做，不但能避其锋芒，脱离困境，而且还可以另辟蹊径，重新占据主动。懂得功成身退的人，是识时务的，他知道何时保全自己，何时成就别人，以儒雅之风度来笑对人生。

4.言辞上要低调

有一位将军，在大军撤退时总是断后，回到京城后，人们都称赞他的勇敢，将军却说："并非吾勇，马不进也。"将军把自己断后的无畏行为归咎马走得太慢。其实，在人们心目中，马走得太慢，绝对无法抵消将军的英雄形象。

放低姿态说话更容易赢得人们的敬重与信任，为此，在一些事情上要学会低调表态，放低身段说话。首先，任何时候，都不要揭别人的伤疤：即使是最要好的朋友也不例外，不要以为你们很要好，就可以随意取笑对方的缺点，那样会伤及对方的人格与尊严，违背开玩笑的初衷；其次，多显示自己的君子风度：如面对别人的赞许与恭贺，应谦和有礼，以淡化别人的嫉妒心理，维持和谐良好的人际关系；再次，忌逞一时口头之快：凡事三思而行，说话也不例外，在开口说话之前也要思考，确定不会伤害他人再开口，才能起到一言九鼎的作用；另外，说话不可太露骨：别以为如实相告，别人就会感激涕零，在说话前多顾及别人的感受，这样才能赢得他人的尊敬。

低调应酬，绝不要率性而为、无所顾忌，做事说话前一定要看人、看场面。如果在某个场合，你不太在乎自己的形象，不择手段地粉墨登台，争取一切出头露脸，或是表现自己优越感的机会，其结果往往会与你的预期相反。因为，你这种强行出头的高调做法，会把所有人都推向你的对立面。

当然，低调也要讲究一定的限度，太过低调，就成了虚伪，这也是不受人欢迎的，是被人瞧不起的，这一点也应该值得注意。

学会应酬，半生不愁

▷▷应酬心经

当你有了得意之事，不管是升了官、发了财，还是一切都倍感顺利时，都不应该在失意的人面前高谈阔论，要体谅他们的心情。因为处于失意之中的人，对一切都很敏感，即使你是无心之语，也有可能会伤害了对方的自尊。

给别人留缺口就是给自己留活口

一位著名企业家在做报告时，一位听众问："你在事业上取得了巨大的成功，请问，对你来说，最重要的是什么？"

企业家没有直接回答，他拿起粉笔在黑板上画了一个圈，只是并没有画圆满，留下一个缺口。他反问道："这是什么？"

"零。"多数人这样回答说。

也有人说，这是一个圈。

企业家笑了笑，他提醒大家："请大家注意看，这既不是一个圈，也不是一个零，因为它根本没有闭合。其实，这只是一个未画完整的句号。你们问我为什么会取得辉煌的业绩，道理很简单：我不会把事情做得很圆满，就像画个句号，一定要留个缺口，让我的下属去填满它。"

留个缺口给他人，在管理学中这是一种管理的智慧，是一种更高层次上带有全局性的圆满。而表现在应酬技巧中，这是做人做事的一种智慧与哲学。具体来说，留个缺口给别人，可以让你在应酬时达到以下三重境界。

★第2章★ 小事情要糊涂，装傻充愣顾大局

1. 让事情变得更完满

在现实中，由于说话不严密而露出破绽，通常会让人产生误解。应酬高手为了达到某种目的，往往会有意这么做，故意露出一些破绽，从而达到以留"缺口"制胜的目的。

张某的一张借款给他人的字据找不到了，非常着急。一天，朋友给他出了一个主意，几天后，张某的心终于落地了："借据总算补来了。"原来，他按朋友的主意给借方发了封传真，要其快速寄还2100元。其实，对方只借了他1200元，所以看到传真后很生气，回复说："我只借你1200元，正准备还你。你不要昧着良心瞎说……"张某故意把1200元写成2100元，露出破绽，让借方更正。也就等于补写了借据。张某有了借据后，便写信道歉，说写成2100元是笔误，请求谅解。

所以，有时可以有意识地通过某种方式给别人"挖个坑"——透露给别人一些虚假的信息，从而获得对方的真实想法，这有助于让事情变得更完满。

2. 对彼此都是保护

话说得太绝对，事情做得太彻底，不给别人留一点余地，也会间接地损伤别人的自尊心。适当的时候，给别人留有一线机会与缺口，反而更有助于润滑彼此间的关系。

萌萌很好强，做事喜欢单干，工作总是比别人更努力，领导交代的任务，她总是第一时间高标准完成，因此经常会得到领导的表扬。但萌萌的表现给其他同事带来了不少的压力，也让大家忌惮与她一块儿做事，因为与他一块儿做事的人，每次都会有这样的感觉：拉了她的后腿，让自己在领导面前很没面子。一次，领导分配了萌萌与一位同事一项任务，萌萌加班加点，只用半天的时间就完成了，而那位同事却整整用了一天。事后，领导虽然肯定了他们的工作，但是那位同事却怎么也高兴不起来，私下抱怨萌萌：一块儿做事从不懂照顾人，真让人受不了。

其实，工作努力是一回事，给别人留个"缺口"又是一回事。萌萌在这件事情上就表现得不够活脱，太刻板，从而给同事带来了莫名的烦恼。

所以，必要的时候学会给别人留个缺口，对自己是一种保护，对别人也是一种照顾与体贴。

3.有机会创造双赢

留个缺口给别人，在生存压力越来越大的今天，也是一种为自己舒解压力的好办法，同时也是对别人的一种尊重与肯定。

有一位女士聪明能干，事无巨细，买菜、做饭、洗衣服、带孩子等，家里的一切全由她一个人做，即使这样，她时常还是放心不下，上班期间经常一个接一个往家里打电话，遥控家里人什么东西该放冰箱里，什么时间该烧水了，天气要下雨了……事后，她还是会喋喋不休地向身边的人抱怨："自己真是命苦，什么事都得自己操心。"每每如此，对方也只能附和着说："你的精力真是充沛，要是我，才不管那么多呢。"

如果在应酬中像这位女士一样，总是对别人有操不完的心，不光自己身心俱累，也会引起对方的反感。适当的时候，给别人留个缺口，把一些问题留给别人去思考，并给别人一些喘息的时间与空间，不但自己省心省事，也能带给别人一份好心情，从而有助于创造和谐、融洽的关系。

人与人之间融洽相处的关键就是尊重与信任，如果你不想尊重对方，不想信任对方，只需要做一件事情就足够了：尽可能做个"完人"，在每一个行为细节上都企图超越对方。聪明的人，总是会试图通过有意犯一些低级的错误，向别人证明自己：我并不比你强。而愚蠢的人恰恰相反，他们总是试图在做一个别人眼中完美的人，如此，招来的不是别人的非议与不理解，就是羡慕、嫉妒、恨。

▶▶**应酬心经**

真正的聪明人总是将自己的聪明才智稍微隐藏一些，把自己愚笨的一面故意展现给别人，这种糊涂的做法，一方面可以让自己与周围的人打成一片，同时，还可以免于他人对自己的防范与猜忌。

第3章　场面话知心话，好话歹话悠着说

应酬场合说话一定要懂得变通，逢人说话，该点到为止的，便不要说得太透；该遮着掩着说的，便要学会委婉一番；该软话硬说的，就要拉下脸面来说……因为，语言不只是一种应酬工具，也是一种充分展示自我的艺术，并且，越是在关键的时候，它越能体现你做人的智慧。

学会应酬，半生不愁

如何用两张面孔说话

王总说话有声有势，员工都很敬畏他，其实，倒不是他说话有多么严厉，只是变脸的功夫了得，领教过他这种功夫的员工，都说王总的情商有问题，脾气说变就变，让人捉摸不定。其实不然，王总不但情商没有一点问题，而且还绝顶聪明。

一次，一位客户在其办公室外面等着见他。隐约听到他在电话里与别人争吵，语气很强硬，听得出来，他的确很生气。这位客户心想，赶在这个节骨眼儿上来拜访，来得真不是时候。

不一会儿，王总放下电话出门迎接客户时，却是一脸灿烂的笑容，一点也看不出来他刚刚发了那么大脾气。两人刚寒暄了几句，有一位员工进来报告工作，王总立马又换了一副神情，一脸的严肃，说话的声调也变了。本来员工带来的是一个好消息，但在王总的脸上却丝毫看不出一点喜悦之情，取而代之的，却是官腔官调的勉励："比我预想的差多了，回去该总结的还得总结。"

"果然是高人啊。"客户心里非常佩服王总的"变脸"功夫。当他离开办公室的时候，王总非常客气地与他握手道别，并和蔼地把他送到门外，脸上挂着诚恳的笑容。

客户不清楚，自己离开后，他又会换上哪一张脸？

★第3章★ 场面话知心话，好话歹话悠着说

在川戏中，有一种戏叫做变脸，这种戏之所以吸引人，就是因为演员脸谱会在极短的时间内变来变去，却让人看不出一点破绽，观众看后都会拍手叫绝。其中，这也折射了一定的应酬哲学——如果总是用一副面孔说话，就显不出整个人的魅力，对别人也缺少吸引力。

应酬场合也是一种名利场，在这种场合，每个人其实都是戴着面具的，都想极力把自己最美的一面演给大家看。这时，红脸、黑脸搭配着"演"，"戏"会显得更饱满、生动，讨得一阵叫好声也并非难事。怕就怕，十年如一日地扮红脸，或是扮黑脸，红的时候，被人小看，受人欺负，也只能佯装老好人，事后，自己受气不说，还显得很窝囊；黑的时候，厚颜无耻，尽失人情，让人望而生畏，不管有人说其是"纸老虎"也好，还是称其铁石心肠也罢，总之，让人难以接近，落不下好名声。

那是不是说像川戏变脸那样，不断变来变去才会受人欢迎呢？当然不是！脸变得太快，未免会让人怀疑你的气量与人品。三分钟一变，五分钟一变，别人还没有反应过来，你就一会儿晴转阴，一会儿阴转晴，那谁还受得了。如此，只会落得个两面三刀的小人之名。不论在什么场合，变是一定要的，但必须要掌握好变的节奏，变的技巧，以尽可能达到一种既不激化矛盾，让自己失态，又能控制场面，间接表达自己真实意图的效果。

正确的做法是，要学会灵活使用两张脸说话，该黑的时候不能红，该红的时候不要黑，以此来调节人际间的距离，表现你做人做事的张力与风格。如，在常见的一些场合，应酬高手就惯用以下几种方式说话。

（1）一会儿红脸，一会儿白脸，叫人捉摸不定。一般身处领导职位的人惯用此法，通常让做下属的把握不准其心里，不知他的深浅，如此，下属可以忽视他，却不可以轻视他。如，在会议上，刚开始的时候还笑眯眯地表扬张三："你最近工作很出彩，得给你记得头功啊。"张三被表扬得晕乎乎的，高兴劲儿还没过，领导就又变了一个声调发话了："有件事情在这里必须要提出批评，以后上班期间不许接打私人电话，下次一旦发现，扣半天的

工资。"张三这才意识到，领导似乎也是在说自己，因为自己在上班期间打电话时，就被领导撞见好几回。如此，领导的葫芦里卖的是什么药，张三还真猜不出来。

有些场合，就需要这样的变脸功夫，但一定要把握好这种节奏与技巧，否则很难达到这种效果。

（2）适当的时候，扮着黑脸做莽汉，可以灭对手的威风。有些人是典型的软欺硬怕，你若摆出一副平易近人的姿态，说话和声细语、客客气气，对方反倒会把你当软柿子捏，或者根本不把你当回事。这时，一味地扮红脸，只会让其得寸进尺，最好的办法就是扮一回黑脸，让对方见识一下你不好惹的另一面。

（3）必要时做红脸，为别人网开一面，可以给人台阶，让事情圆满收场。毕竟，经常出席各种应酬场合的人，大家靠都靠面子活着。一旦面子受到伤害，那对一个人的心理打击将是刻骨铭心的。所以，不到万不得已，绝不要唱黑脸。能网开一面的话，尽可能为对方找个台阶，让其体面地下台，让事情有一个圆满的收场。

梁实秋先生的"脸谱论"曾道出了逢场作戏的实质。以下一段描写了旧时官场人士的变脸功夫：

"误入仕途的人往往养成这一套本领。对下司道貌岸然，或是面都无表情，像一张白纸似的，使你无从观色，莫测高深，或是面皮绷得像一张皮鼓，脸拉得驴般长，使你在他面前觉得矮好几尺！但是他一旦见到上司，驴脸得立刻缩短，再往瘪里一缩，马上变成柿饼脸，堆起笑容，直线条全变成曲线条，如果见到更高的上司，连笑容都僵住了，未开言嘴唇要抖上好大一阵，脸上做出十足的诚惶诚恐之状。帘子脸是傲下媚上的主要工具，对于某一种人是少不得的。"

旧时做官需要这种变脸本领，今天应酬各种人与事，同样需要懂点变脸术。在应酬场合，不要以为人们都只有一张脸。女人自不必说，"上帝给她一张脸，她自己另造一张。"不涂脂粉的男人的脸，也如卷帘一张，外面摆着一副面孔，在适当的时候卷起帘，会露出另一副面孔。

▷▷**应酬心经**

变脸如翻书，从世俗的角度来看，有点让人不可捉摸，狡诈与世故的意味很浓，但从应酬的实际效果来看，却是融通人际关系的一门艺术，其饱含了重要的处世哲学与智慧。

做老实人该不该说老实话

小李花1000多元买了一件上衣，穿到公司后，人们见到后都说好，这个夸质地高档，那个夸做工讲究，小李虽然嘴上说："真的很一般，价格给的有点高了。"却是满脸的得意与优越感。

办公室所有的人都表达了自己意见后，小王也发表了一下自己的看法："多少钱？1188元！我的天呐，118我都觉得有点贵，你看它哪里值那么贵？！"小李腼腆地笑了，请教道："还是你有眼光，我一直觉得买得有点贵。"

小王是办公室里出了名的实在人，他凑上前去，仔细看了看小李的衣服，然后一口气说出许多不是，把这件衣服贬得一文不值，甚至还怀疑小李的眼光，小李被他说得无言以对。事后，小李一肚子怨气："买的贵不贵，好不好，管他屁事。"

老实人往往不懂得掩饰自己的情绪，说话不分时间场合，不看对象，也不考虑讲话的后果，心里有啥就说啥，想说啥就说啥。而且，老实人说话不讲究方式方法，往往是采取最坦诚的表达方式，甚至不乏尖锐刻薄。老实人的这种直率最易得罪人，往往使对方下不了台，结果自己也容易招人记恨。

其实，说话办事，性格直率也并不是一种缺点，直率往往可以给人一种心胸坦荡、为人正直的印象，与他们相处比与那些深藏不露、遮遮掩掩的人相处更令人放心，更容易博得他人的信任和好感。

但过分的直率未必就是一件好事，有些人习惯实话实说，结果，经常在人际应酬当中吃大亏，为什么会出现这种情况呢？

这是因为每个人都是有自尊心的，一个人的容忍度有其限度，当这一限度被突破，直接触及其心中最敏感的自尊时，再是善意的直言快语也会变成了挑衅和侮辱。性格耿直的老实人往往不顾及这一点，也不掂量话的轻重，经常会在无意中得罪他人。一句话断送友谊的事，在老实人身上是屡见不鲜的。

赵女士为人直爽，干活也很实在，做人没心计，但是有一个问题一直在困扰着她：公司里似乎数她不合群。是别人太狡诈，还是自己太实在，她实在想不通。一次，她一气之下跳槽到了另一家公司。

起初，她留给大家的印象不错，不久，她又陷入了孤立：同事都有意与自己保持一定的距离。赵女士怎么也想不通："我都快把心掏出来给他们看了，为什么人们还是像防贼一样防着自己。"

原来，是因为赵女士说话太"老实"了，刚到公司的第一天，经理就问过她："你跳槽后的最大愿望是什么？"她回答说："我现在不想谈什么愿望，我跳槽的原因就是再也不想看到那个令人讨厌的上司。"经理又问："你为何如此讨厌她？"赵女士长出了一口气，回答说："那人心眼极小，脾气还很坏，喜欢搬弄是非，也喜欢给人穿小鞋。"

想不到对自己的上司竟如此说三道四，说不准哪天自己也会成为她攻击的靶子。没过一个月，赵女士就被经理炒了鱿鱼。

★第3章★　场面话知心话，好话歹话悠着说

但凡跳槽者，都不缺少一个跳槽的理由：为什么要跳槽？为什么要离开原公司？这是一个人离开原团队而应聘于新团队时常常要面临的答卷。招聘者问这类问题，无非是想借此来了解你在原公司的表现、人际关系等。对这类问题的回答，明智的人会说一些原公司在机制、产品等方面的局限性，或自己岗位工作的局限性。但最忌讳的就是一接触到这样的问题就管不住自己的嘴，滔滔不绝地把原公司说得一塌糊涂，借以表达自己的清白与正直，结果往往适得其反。

即使你有幸被新公司吸纳，如果你对原公司管理层某其人仍耿耿于怀，这样的一道心理阴影同样会像着了"魔"似的影响你在新公司的为人处世。

许多情况下，虽然你说出来的是实情，但别人往往不会在意事情的真伪，而是通过你的言论，来判断你的品行、为人。如果你习惯实话实说，管不住自己的嘴，即使有时说得很出彩，也能爆出一些新料，但别人表面上的应和却掩盖不住他们本能的"偏见"：当一个人听到别人在滔滔不绝地数落他人的时候，会本能地认为"此人心胸狭窄"、"此人气量狭小"、"此人喜欢背后论人长短"等。

所以不论在谁的面前，老实话都不一定要老实说，尤其是那些抬高自己、贬低别人的老实话就更要慎言。

▷▷**应酬心经**

习惯发牢骚、讲怪话，或者不论走到哪里，都会觉得别人欠自己太多，动辄倾诉自己的委屈，这样的实话讲出来虽然解气，但对树立自己的形象没有一点好处。

学会应酬，半生不愁

打埋伏的话该怎么说

王鑫是某品牌洗衣机推销员，一次，得知一位朋友的新房正在装修，他便想借机向朋友推荐该品牌的洗衣机。朋友知道他是做推销的，也略知他的来意。所以，一开始就对他有所提防。

但是，王鑫却不紧不慢，没有直接说："今天拜访，无其他目的，实在是想推销……"而是先说了一堆题外话，如，他在与朋友聊天的时候说："近来天气少雨，水库也快干了，家里还经常停水，给人们的生活带来了很大的不便。"然后又说："赶上这段时间天热得要命，几乎每天都要换洗衬衣，每天光是洗衣服就让人大伤脑筋……"

由此，开始把话题转入主题，朋友虽然发现了他的意图，但也不觉得有什么不舒服。后来，听了王鑫详细的介绍后，认为性价比不错，于是做了一个顺水人情，从他那里订了一台。

说话打埋伏，是应酬场上较常见的一种说话术，即，在某些特定的情况下，防止直接将话题转入正题可能给对方带来一些不适，或是不方便直接阐明一些事情时，往往需要委婉地做一下铺垫，这样做，不但让对方有心理准备，而且也可借机巧妙地将说话的重点过渡到正题。

有时候，你直接将问题提出来，或是把你要讲的事情说出来，对方会觉

★ 第3章 ★　场面话知心话，好话歹话悠着说

得很唐突，也容易产生尴尬。尤其是在求助他人的时候，这种说话方式是一定要避免的。

如，你想借朋友的汽车用一天，如果你直接对朋友说："把你的车借我用用，怎么样？"即使朋友再不情愿，碍于面子也不会直接拒绝你："那不行，我正好有事要用。"如此一来，搞得双方面子都不好看。要知道，这时，不是朋友不给你面子，是你自己太不讲究说话的方式了，"逼"朋友这么回答你。

正确的说法是："今天有件急事要办，租车又来不及了，真是太郁闷了。"朋友肯定会问："怎么了？"然后再把事情的原委讲一下。这时，如果朋友愿意借给你，他会把话说得很直接，如："正好我现在用不着，你用的话随时找我。"如果朋友不愿意借给你，那他肯定会为自己"辩护"，也会帮着你想一些方法。遇到后一种情景，那就不要再张口借车了，因为，你张嘴的话，只会给对方出难题。

所以，打埋伏的说话技巧在许多场合都非常实用，当然，在熟人圈里，这种说话技巧也要慎用，用得太多，会给人一种"此人心计太重"，"喜欢斗心眼儿"的坏名声。即，有时该直接一点的，就直接一点。

另外，有些场合需要声明"闲话少说，言归正传"的。比如对方已知你来意，或者彼此已约定此次是谈些什么，来一个正式宣布，反而可使对方的心弦绷紧，把精神集中一下，来谈你们之间要谈的事情。

有些事情是绝不可能立刻得到答案的，遇到这类事情，最好不要立即告辞，而要这样说："你很忙，我不耽搁你了，请多多考虑吧！"这样不仅让人听着舒服，同时你也留下了下次再来的信号。

说话善于打埋伏，提前预备好别人说"是"或"否"的应对方案，可以有效避免因为说话太直接而给双方带来的不快，并且也可以为自己留条"退路"。如果不善于打埋伏，那在谈话时，从"非特定话题"转入"正题"便会是一件相当困难的事。有许多人喜欢说一大堆题外话，然后说："言归正

传,我今天来找你并不为了……,而是为了……"或者:"今天来访,其实是为了……"这样转入正题,表面看来似乎直截了当,但这样会使得自己刚才说的所有题外话完全失去效果,因为对方的脑子,已把你的谈话一分为二。如果你说话有这种习惯,不懂为接下来的"转题"打埋伏,倒不如开门见山,一见到人就讲正题效果要好。

所以,有些话看似是一些无关的废话,却可以在应酬中起到非常好的铺垫效果。应酬高手一般都精于此道,在与这些高手"过招"时,听话既要听音,说话也要注意表达的形式与技巧,争取做到圆而不滑,言符其实。

▶▶应酬心经

有些事情,话不一定说到、说透,但一定要能准确传达你的一种态度、意向,并方便对方做出正面的或是委婉的回答,这反倒更容易达成一种有效的交流。

拒绝的话怎么说不得罪人

甲与乙是相处了10多年的好朋友,一日甲打电话给乙:"哥儿们,今年做生意赔了一些,现在手头实在有点紧,能不能借我3万块钱?"

一听说是借钱,乙有些犹豫:"是不是周转不过来了?"

"那还用说,要不也没有这么急。要是能多借我点就更好了。"

乙苦笑了一下,说:"这个,这个……要不我先回去与老婆商量一下,

★第3章★ 场面话知心话，好话歹话悠着说

随后给你消息。"

甲说："也好，我等你消息。"

乙与老婆商量后，老婆坚决不同意外出借钱，乙便给甲打电话说："实在不好意思，真不巧，家里有3万块钱，前几天刚被老婆借给她的一位亲戚。"

甲一听，知道乙是在说谎，因为前几天，乙还在对自己说："近段时间打算买一辆小汽车。"自己还多次陪他跑过几家4S店。

既然人家不愿意借给自己，甲便客气地说："真不巧啊，那我再想想办法吧。"

之后，甲很少再与乙联系，乙也知道甲受了"委屈"，总想着找个机会表示一下，但是，见了面，想说的话还是不好意思说出口，感觉两人之间的关系也不再像之前那样"够意思"。

生活中，朋友之间互相帮忙是人之常情，但是，凡事都有求必应，也并不现实。有时，对于一些过度的、无理的、不当的要求，该拒绝的时候，还是要学会理性地拒绝。当然，拒绝总是一件让人感到难堪的事情，有些人在拒绝别人之后，会产生一定的心理负担，或是感觉对不住对方，或是怕对方指责自己。

其实，只要讲究拒绝的技巧，把要说的话说到位，拒绝不但不会得罪人，反而会使对方对你多一分理解，多一份体谅。交情归交情，友谊归友谊，在该拒绝的时候，一定要注意拒绝的方式与方法。

1.果断拒绝

有的人对于要拒绝或是接受，在态度上常表现得很暧昧，从而让对方形成一种期待。虽然想表示拒绝，却又讲不出口。听别人几句甜言蜜语，便抹不开面子，轻易承诺下来。

无论对方的要求多么强烈，只要你认为不能接受，便要态度明确，坚决

地予以拒绝，不能留有余地。"实在抱歉，我无能为力"，"对不起，我没有办法答应"。也不要给他出主意，否则，你仍难脱干系，说不定他还会来找你，让你为难。

尤其是当对方的要求完全只出于个人利益考虑，而不考虑别人感受的时候，该拒绝的时候，一定要坚决拒绝。如，一个朋友打算请您深夜开车送他到机场，而你确信他可以"打的"去，如果你去送他，不但影响一夜睡眠，还会影响晚上的安排，你就要考虑拒绝。当然，如果他是顺路想搭你的车，只是要你等他几分钟的话，那么应尽力帮忙。

2.电话拒绝

有时候碍于面子，当面不好意思拒绝朋友。这种情况下，你可以让朋友先回去，告诉朋友等你考虑好后再给他答复。然后，打个电话把你的意见告诉他。这样，双方不见面，通过电话可以避免难于启齿或尴尬。

3.自言自语

不好意思直接说出的话，不妨当面通过自言自语的方式表达出来。一般，人们碍于面子，当听到对方自言自语说出心中所想时，便不好意思再提出进一步的要求。因此在拒绝时，有意识地运用这种方法，将自己不好意思直接说出的话间接表达出来。比如，你可以说：

"这事还真不好意思跟他开口。"

"不行，我到现在事都没办好。"

"我怎么会立即和他交谈？"

对方听到后，便会觉得你确实有难处，或是没有办法帮他办到，便会及时打退堂鼓。

4.委婉转折

交谈中要注意，不论对方说什么，都先予以承认，即使对方说的不是事实，或是他个人的误解，也用不着一口加以否定。承认对方，是一种礼仪，在承认之后，一句"但是"，便可以扭转话题，然后顺势提出你自己的立场。

★第3章★　场面话知心话，好话歹话悠着说

如果对方要求降价，你可以说："你的心情可以理解，但是……"然后，说出自己的一些理由。这样的拒绝不但受听，而且效果往往也不错。

使用此法时，一定要注意这样几点：首先，倾听的态度要诚恳，不要一副满不在乎的样子；其次，尽量满足对方的合理要求，让对方感知有些事你确实是无能为力；再次，理由一定要充分，漏洞要少。

5.运用幽默

相信有很多女孩子常常接到自己不喜欢的异性的求爱。这时假如以幽默应对，能达到既保全了对方的面子，又坚决地表达自己的想法和目的。

有位打字员，收到一封她不敢恭维的男同事的求爱信，她拒绝了，可对方一如既往，继续写信。于是，有一天，这位打字员把她重新打了一遍的信连同原信一起寄了回去，并附了一张条子："我全都替你打完了。"从此，小伙子再也不寄这种信了。

这位女孩子巧妙地利用她的职业特点，幽默地回绝了男同事的求爱，却并没使对方特别难堪，实在令人佩服。

6.模棱两可

拒绝时，要尽量少用否定的字眼。如，你帮不了对方的忙，最好不要说："这件事我真的办不到。"如果换成："若是我能办到的话，一定会帮你的。"效果自然会更好一些。

另外，也可以为自己找一些托词，让对方关注的焦点从自己身上移开，如，可以说："这件事情，待我向领导汇报后再给你答复。"或者说："这件事情先放一放，咱们先讨论一下其他事情。"

利用这些方式表示你的拒绝之意时，可以摆脱一些窘境，既能照顾到对方的面子，也不会伤害双方的感情，同时，也会让对方觉得你确实无能为力。可谓一举三得。

7.提议它法

帮忙与拒绝，看来似乎是两个极端的态度，其实不然，有些时候，它们

可以做到巧妙地"共融"。换句话说，当你一方面表示拒绝时，一方面帮对方想办法，这样就可以消除单纯的拒绝给对方带来的面子难题。比如，"下礼拜我可能有空"，"找小孙试试看"等等，表示你的关心与协助的诚意。

8.降低期望

大凡来求你办事的人，都是相信你有能力解决这个问题，所以抱有很高的期望值。一般来说，对你抱有的期望越高，要拒绝也就越难。在拒绝前，倘若多讲自己的长处，或过分夸耀自己，在无意中就会提高对方的期望，进而增大了拒绝的难度。如果适当地讲一讲自己的短处与自己的不足，那就会在一定程度上降低对方的期望，当对方的期望值降低到一定程度时，那他可能会觉得你"没有求助的价值"，进而主动放弃求助。

以上是8种体面拒绝他人的方法，另外，在参考使用这些方法时，也注意两点禁忌：一是忌与对方套近乎，最好给人一种"敬而远之"的态度，这样容易把"不"说出来；二是忌用种种借口拖延说"不"的时机，否则，对方会一直与你纠缠下去，让自己越来越被动。

所以，拒绝别人，必须要讲究策略。婉转地拒绝，对方会心服口服；如果生硬地拒绝，对方则会产生不满，甚至对你怀恨在心。相反，一次巧妙的拒绝，却可能为日后重新握手打下良好的基础。

▷▷**应酬心经**

一个人有求于别人时，往往都带着忐忑不安的心理，如果一开始就对他说"不行"，势必会伤害对方的自尊心。所以，不要一开口就说"不"，应该尊重对方的愿望，先说关心、同情的话，然后再讲清楚你的难处。

★第3章★ 场面话知心话，好话歹话悠着说

当着矬子不说矮话

有一个从小就失去了双臂的年轻人，数年如一日，他用脚代替手来做自己想做的事情，并凭着自己的努力，练就了一门用脚趾头夹笔写字作画的本领。成名后，他的画曾获得多次奖项，并被送到国外展出。

有一次，他亲自参加了画展，许多媒体都想采访他。其中有一个记者在采访时无意中问道："你是靠脚趾头成名的，那么对你来说，是脚有用还是手有用？"

这个问题正好戳到了画家的痛楚，这让从小就失去双臂的他感到十分恼怒，于是他反问道："维纳斯雕像是以断臂出名的，你说她是有胳膊美还是没胳膊美？"一句话堵得记者瞠目结舌，采访当即宣告失败。

有人说过这样一句话："学会维护他人的自尊心，你会得到越来越多的朋友。"这话说得不错，因为在日常生活中，每个人都极为重视自己，都喜欢谈论自己的得意之处，而避免谈自己的缺点，或是不如意的地方。

如果你能了解这一点，在与别人应酬时，多谈别人感兴趣的话题，而少谈一些使他人感到难堪，或是丢面子的事，一定也会得到对方的尊重。所谓"当着矬子不说矮话"正是这个意思。人生在世，各有所长，各有所短。若以我之长，较人之短，则会目中无人；若以我之短，较人之长，则会失去自

信。这是应酬中尤要注意的一点。

有这样一个故事：春秋时期，齐国宰相晏子，有一次出访楚国。楚国的国君故意想取笑晏子身材矮小，于是吩咐只开大门旁的小门。晏子一看，便知楚王的用意，于是对门卫说道："我代表齐国出访，通常都是到大国从大门进，到狗国从狗洞进，只是没想到堂堂楚国竟然也会用狗国的礼仪来迎接我，看来我是来错了。"楚国国君本想羞辱晏子，却反过来被晏子好一顿羞辱。这说明当着矬子说矮话，也可能会是自取其辱。

在应酬中，尽可能地避免谈对方的短处，这是应酬成功与否的关键之一。每一个人都有自身无法消除的弱点，就像个子矮是天生的一样。如果你总是盯着别人的弱点，并时不时地把它们当做你的谈资，那只会造成两种局面：一是别人不愿意再与你交往，大家会躲着你，避着你，你只会成为孤家寡人；二是别人对你反击，有针对性地揭露你的短处，从而造成互相嘲笑的局面，直至仇视。

不管出现哪种局面，你都会破坏自己的人际关系，都会在无形中得罪他人。聪明的人从来不会当面揭他人的短，或是说一些对方不爱听的话。对于自己的缺点，每个人都有不同程度的自卑心理，而且对此也比较敏感，除非是对方主动提起，一般，都不要触及这些敏感的话题。如，某男士30多岁了还没有谈女朋友，不是不想谈，是因为自己工作不稳定，收入太低，谈了几个都告吹了，那你在与他交谈时，就不要谈诸如"一个月赚这点钱怎么活呀"、"做男人就要干出点事业来"等，这样的话题会严重挫伤对方的自尊心，如此，你还能指望他会对你的话做出积极的回应吗？或许，不被人私下臭骂一顿也算是幸运的了。

俗话说："打人不打脸，骂人不揭短。"应酬中，我们一方面尽可能地避免提及对方的短处，一方面也完全可以从真正关心对方的角度出发，善意地为对方出谋划策，使他的短处变为长处，或者使他不为自己的短处而自卑，那么，你同样会得到别人的认可、信任乃至感激。

★第3章★ 场面话知心话，好话歹话悠着说

任何时候，不论你与对方的关系有多么亲密，都不要将他人的不足放在嘴边，即使非说不可，也可以变通一下再说，这是应酬的技巧，是获得友谊的技巧。俗话说："会说话的人让人笑，不会说话的使人跳"，就是说语言的变通所能达到的不同效果。因此，学会变通语言，在应酬中是非常重要的。

▷▷**应酬心经**

客观地说，每个人的内心对自己缺点与不足都是极其敏感的，为了避免"说者无心，听者有意"，关乎别人的缺点的话不要讲，负面的话就更不要说。

私下不要讲第三者的坏话

常先生是个肚子里藏不下一点秘密的人，几乎每次与朋友见面，都会大倒苦水，不是说这个同事太讨厌，就是说那个同事太惹人烦。每当他声情并茂地向朋友讲述办公室里发生的故事时，朋友总是一副漠不关心的样子，偶尔会敷衍他几句，或是干脆把话题岔开。常先生觉得朋友不够意思，于是又在其他朋友面前抱怨这位朋友的不是，说什么现在朋友难处，即使是朋友，也是知人知面不知心。

他越是这样想，他越感到自己的好意不被别人理解，越感到自己被孤立，"难道对朋友说真心话也有什么不妥吗？"常先生始终想不明白，自己掏心窝子的真心话，竟然得不到朋友的一点理解。朋友出于面子，不好意思

学会应酬,半生不愁

当面指出他背后喜欢论人长短的毛病,所以屡屡被他误解。后来,有位朋友委婉地提醒了他,他反倒认为这位朋友"做事说话太爱做面子工程,不值深交"。

时间久了,之前与他有着良好交往的同事、朋友,都一个个开始回避他,让他变得更孤独、郁闷。

中国有句俗话:"宁在人前骂人,不在人后说人。"这个意思就是说,别人有缺点有不足之处,你可以当面指出,令他改正,但是千万别当面不说,背后说个没完,这样的人,不仅会令被说者讨厌,同样也会令听说者讨厌。

在我们的日常应酬中,背后说人坏话的人并非少数,有一句话叫做:"谁人背后无人说,谁人背后不说人。"这话虽然说得有些绝对,却也说明了一个道理。那就是,大多数人,都多多少少地在背后说过别人,只是多少与轻重不同罢了。不过有一点,经常在背后说别人坏话的人,肯定不会是受欢迎的人。因为凡是有点头脑的人,都会自然而然地这么想:"这次你在我面前说别人的坏话,下次你就有可能在别人面前说我的坏话。"这样一来,喜欢背后谈人是非者的形象便好不到哪里去。

当有人在你面前说另一个人的坏话,你必须要端正态度,用辩证的思维去考虑这件事。因为说对方坏话的人,总是有着各种各样的原因,如果你仔细去分析、揣摩他的心理,你会发现,这种人往往心胸不够开阔,且多疑、敏感,或者他与某人有过节。这时,作为听话者,你就要学会保持冷静,别人说什么,不要掺和进去,而要学会装装糊涂,或者适时转换一个话题。

Z先生有两位朋友,曾因为一个女人,两位朋友闹得非常不愉快,虽然见了面,都装假什么事也没有发生过,一副若无其事的样子,但是一旦背着对方,都会数落对方的不是。作为他们朋友,Z先生自然成了他们各自发泄不满的最佳渠道,都希望Z先生能够向着自己说话,赞同自己的观点。

Z先生是个聪明人,当他听到一位朋友说另一位朋友的坏话时,他会尽可

★第3章★ 场面话知心话，好话歹话悠着说

能保持沉默，在适当的时候加一两句安慰的话，并不添加自己的任何评论；当另一位朋友也来自己面前抱怨时，他同样不做任何评价。几次下来，两位朋友也就不在他面前说对方的坏话了。一段时间后，两位朋友都冷静了下来，都觉得自己不该在Z面前说另一位朋友的坏话，好在Z先生处理得当，没有把话传出去，深得两位朋友信任。

如果Z先生换一种处理方法，当有朋友在自己面前抱怨另一位朋友时，自己就在一边添油加醋，结果可想而知，不但会得罪另一位朋友，而且很可能会就此成为敌人。

从这个故事中，不难得出这样一个结论，那就是当别人对你说第三者的坏话时，无论你是否明白其中的原因，都必须保证做到一点，那就是"入耳封存"，同时还得充分了解对方的心理，如果发现对方天生就有背后说第三者坏话的习惯，那么你就得注意，在以后的应酬中应有意识地与他保持距离。

做一个换位思考，你也不应该在他人面前说第三者的坏话，当你当着别人把第三者说得一无是处的时候，你自己的形象在对方的心目中也会变得很糟。所以在日常应酬中，尽可能不在交谈对象面前说第三者的坏话。如果别人有什么缺点，做得有什么不妥，你可以寻找适当的机会当面向他提出，背后议论别人的方法绝不可取。

▶▶**应酬心经**

来说是非者，必是是非人。当你在他人面前想说第三者的坏话，或是想发泄你的不满时，最好先克制一下，因为你张口说别人的同时，会被人看得很渺小，并有失做人的风度。

学会应酬，半生不愁

恭维话怎么说对方才爱听

一位女士激动地跑来找一位心理学家，她告诉心理医生，丈夫是多么的不爱她，经常打骂她，她打算要与丈夫离婚。心理医生想，如果她真的想离婚为什么要跑到这里来呢？可以肯定，她还是想借机发泄一下心中的不满。于是心理医生决定用"顺毛摸"的方法开导她：

"你丈夫这样做，确实称不上是一位好男人，不过事情都这样了，我劝你还是想法解救这段婚姻，如果一定要离婚，你也应该让他感受到其中的痛苦。"

女士非常关切地问："有什么办法可以让他感受痛苦呢？"

"尽量想办法恭维他、讨好他，像抚摸一只小猫一样顺着他的心思对待他。当他觉得不能没有你，并且以为你还深爱他的时候，你再断然决定与他离婚，让他痛苦不堪。"

女士觉得心理医生言之有理，决定要试一试这个方法。几个月后，女士又来到了心理医生面前。医生问她："行了，你现在可以办理离婚手续了。"

女士回答说："什么？离婚？我才不呢，现在我与丈夫比初恋还要幸福甜蜜呢！"

★第3章★ 场面话知心话，好话歹话悠着说

与人见面时，适当的颂扬不仅会维护他人的自尊，表示你的礼貌，同时，也容易赢得对方的好感。当然，说恭维的话也要注意场合与分寸，不可张嘴一顿乱赞，那样，很可能会给双方带来难堪。

毕竟，乱戴高帽的做法常被人耻笑，主要是因为：一来做高帽子的确很不费力，可以日产万顶；二是人人喜欢，趋之若鹜；三则是因为品位低俗、令人生厌的伪劣"马屁"随处都是。

所以恭维也有三六九等之分。上等品被称为"赞美"、"赞扬"、"赞许"、"称颂"等，下等品则被贬为"讨好"、"阿谀奉承"、"溜须拍马"、"献媚邀宠。"

上等的恭维有几个主要规范：无论真假却令人乐于信服；不着痕迹，不动声色，使人浑然不觉；气味芬芳宜人，远离点头哈腰；富有新意，而非陈词滥调；尺寸恰当，分量适中，正中下怀。

可见，恭维别人看似简单，其实也有许多门道，否则，好事办成坏事，恭维得让对方下不了台，也是常有的事。平时，我们常看到有些人在恭维别人时，显得低三下四，拍马屁的味道极浓，像这样的恭维就端不到台面上，因为它们不符合赞美和恭维的标准。

得体的恭维必须要具备以下三个条件。

1.场合要恰当，切合对方的身份

恭维他人，首先一定要看场合，在不同的场合，或在场的人不同，恭维的方式也应不同。有些人喜欢在行家面前低调，这时就不要恭维，有些人喜欢做场面，喜欢在人多的时候被人恭维，那就不失时机地送上一顶"高帽"。

有位领导平时很低调，一到出席会议，便喜欢当众讲话，并且讲起来没完没了。虽然你非常看不惯他的这个习惯，但如果遇有什么活动的话，不妨欢迎这位领导当众给大家讲几句。因为，你的这种邀请会极大地满足他的自尊心，也是间接地肯定、赞美他的讲话能力。

有些时候，不该恭维时就不要乱恭维，如，某个人虽然算个能人，是个

高才生，如果在专家，或行家面前，依然高调恭维他，那很可能会令他感到难堪。

所以，不看场合与身份，胡乱地恭维，只会毁坏人的名声与品位，也会给别人带来不适与尴尬。

2.态度要谦虚，顺着对方的心思

像抚摸一只小猫一样顺着别人的心思对待他，这是一种高明的赞美方法，即使一个再务实的人也会吃不消。顺着毛摸小猫，它会发出满足的叫声，或者悠闲地摇着尾巴，甚至回过头来舔你的手，如果你反方向摸的话，它会感到不适，也不愿意享受你的这份"款待"。

每个人都喜欢被人"顺着毛摸"。人的性格、脾气、爱好等就是他们的"毛"，如果你能顺从他们的这些个性特点，他们很容易接受你所说的话。

现实中的大多数人都"吃软不吃硬"，所以，不只在处理家庭问题，在许多场合，如教育孩子、追求异性、化解纠纷等，都可以使这种方法，把该说的好听话说到对方心坎里，只有先顺着他，最后你才能征服他。

3.内容要坦诚，说中对方的优点

人总是喜欢奉承的。即使明知对方讲的是奉承话，心中还是会免不了沾沾自喜，这是人性的弱点。换句话说，一个人受到别人的夸赞，绝不会产生厌恶，除非对方说得太离谱了，或是另有所指。如，一棵小歪脖树，你夸它美丽，它绝不会盲目自大起来，而是会竭尽全力直起身子来；一个跛脚孩子，你说："多美丽的孩子啊！"这孩子听了绝不会认为越跛越美丽。任何时候，虚伪地赞扬他人是不可取的。比如你看到一位并不很漂亮的女孩，你就不能赞她太美丽，因为这样，她会觉得你是在故意戏弄她。这时，可以改为赞美她的头发、服饰方面。

澳大利亚的心理学家贝维尔就曾说过："如果你想赞美一个人，而又找不到他有什么值得赞扬之处，那么，你大可赞美他的亲人或和他有关的一些事物。"

★第3章★ 场面话知心话，好话歹话悠着说

简单来说，出彩的恭维贵在品位，妙在形式。在日常应酬中，适当地恭维对方，不仅是一种礼貌的表现，而且还可以委婉地向对方传达你的好意，或者你的尊敬。

▶▷应酬心经

高帽尽管好，可尺寸也得合乎规格才行。滥做过重的高帽是不明智的，言过其实的恭维，很可能会变成一种愚弄，缺少诚意不说，还可能为别人造成恶意的中伤。

隐私问题不是想说就说

孟敏与张燕是大学同学，也是最要好的朋友，毕业后虽然两人身处不同的城市，但一直保持着密切的联系。刚毕业那年，张燕认识了一位男朋友，是做外贸服装生意的，不久后便结婚了。因为找了一位金龟婿，许多同学却羡慕不已，张燕也时常在同学聚会上不忘夸夸自己那有本事的老公。一年后，因为感情问题，张燕离婚了，这件事情她没有告诉过任何人，只是向孟敏提起过一句，说两人感情不好，便没了下文。

有一次，在同学聚会时，张燕没有来参加，孟敏便把张燕离婚的事悄悄地告诉了一些老同学。很快，这件事情就在同学中间传开了。后来，张燕知道自己离婚的事被传得沸沸扬扬，便直接把矛头指向了孟敏。孟敏此时想出来灭火，却为时已晚，虽然她向张燕表示了歉意，说自己不是故意的，但还

是没有得到张燕的谅解。

从那次之后,两人便断绝了往来。孟敏后悔自己当初心直口快,把张燕离婚的事捅了出去,结果失去一个朋友不说,还让自己成为同学中被重点防范的对象,何苦呢?有了这次沉痛的经历,孟敏再也不敢在私下谈论别人的隐私了。

隐私,永远是一个敏感而多是非的话题,万不得已,绝不要以隐私为谈资,不论是自己的,还是他人的。如果在一些应酬场合必须要谈到隐私问题,那一定管好自己的嘴,能说的话要悠着点说,不该说的话半句也不要提。避免因谈论此话题引人猜忌,或是糊里糊涂地搅和到他人的是非恩怨中。

具体来说,在这个话题上,有两点一定要把握好。

1. 自己的隐私要悠着点讲

如果一陌生人在你面前谈起他的一些隐私,多少会让你感到唐突,甚至会让你无所适从。一般情况下,没有人愿意在陌生人,或是自己还不够信任的人面前主动提起自己的隐私问题。所以,当有人在你面前大大方方地谈起他的个人隐私,那至少可以说明一点,即,他在一定程度上信任你,觉得把一些隐私告诉你,不会有太多的后顾之忧。

所以,在向别人谈起自己的隐私时,一定要看对象,如果你想通过泄漏自己的一些隐私,如一个月赚多少钱,自己最近又遇到什么好事等,来向对方表明:我很信任你,我们之间的关系不一般。也就是说,在谋求与对方进行更深层次的感情沟通时,可以巧妙地利用自己的隐私做些文章。有些人很善于通过有意无意地泄漏自己的隐私,来谋求与对方的心理沟通。这种技巧的奥妙在于它克服了人们认生的心理——认生心理是担心自己试图隐瞒的隐私被对方了解到的不安全感。

如,有些人会对初次见面的人,竟然满不在乎地闲聊起这样的话来,什么"我那儿子就因为和女朋友吵了架,便把气都撒在我身上了。对那孩子我可真是操了不少的心呀",或者"昨天孩子他爸不小心将烟头掉在了自己的外衣上面,结果烧了一个大窟窿"等。

而听者怎么也不会想到,对方如此"平易近人",对自己一点不认生,于是也很"感动"。不知不觉中自己也会打开心扉,畅快地与对方聊起来。

这一招在应酬场上很常见,有些应酬高手,经常会借此营造一种亲密感。要注意的是,这和真正的亲密感是有区别的,只是一种表面的现象。

2.勿探闻对方的个人隐私

有事没事热衷于探闻他人个人隐私的人,总是令人讨厌的。个人隐私所包括的面很广,如个人收入情况、女士年龄、夫妻情感、他人家庭生活等,都属于个人隐私的范畴。具体来说,有以下几个方面。

（1）女士的年龄；

（2）工作情况及经济收入；

（3）家庭内务及存款；

（4）夫妻感情；

（5）身体情况；

（6）私生活；

（7）不愿公开的工作计划；

（8）其他不愿意为人所知的隐秘。

以"探问女士的年龄"为例,在与一些女性朋友应酬时,尽管可以毫无顾忌赞赏她们的美貌与才智,但绝不要过问她们的年龄。有些人不注意这个规矩,习惯以一副非常真诚的口气探问："芳龄几何？"经常弄得女士们难于启齿,回答不是,不回答也不是,场面显得很尴尬。试想,这样的人在应酬中还能受人欢迎吗？

探问女士的年龄,往往会被女士们误认为对方心怀不轨,所以对其产生排斥感与厌烦心理。小刚很喜欢和女同事聊天,并且喜欢打听女士的年龄。每次与女同事聊天时,谈话不到三分钟,他便会习惯性地问："你今年多大了？"致使许多女士不愿意与他接触，有事没事会回避他。

人们似乎都有一个本能的爱好，那就是对他人的隐私感兴趣，而且尤以注意名人的隐私为重。那些街头小报一旦出现了一篇有关某某名人的隐私，如"某某离婚揭秘"、"某某情变内幕"之类，肯定会大卖热卖。平时我们也常常听到这样的问话："你和你老婆的感情怎么样？"这种问题便让人难于回答，因为这纯属个人隐私问题，而且夫妻感情往往都是非常微妙的，是根本无法用语言能够说得准确透彻的。所以对这类问题，对方即使顾于情面当时回答了你，心里也会对你很反感的。

在应酬中，不但自己要避免谈及他人的隐私，当别人向你打探他人的隐私时，也要学会做出聪明的回答。最好将一些"嫌疑"问题在脑子里多过几遍，看这些问题是否会涉及他人的个人隐私，如果涉及了，要尽可能地避免参与其中。

避免谈一些有伤他人感情与自尊的隐私问题，可以让双方的交流在轻松、自在的氛围中进行，反之，喜欢以他人的隐私为谈资，不但是对他人的不尊重，也极易对他人产生误解，甚至是伤害。

▷▷**应酬心经**
再无聊，也不要以别人的隐私作为乐子，或是谈资，那样做不但会让你变得肤浅、无趣，而且也会"逼"着别人处处防着你、躲着你，因为没有谁愿意被你拉下水，玷污了自己的清白。

第4章 打圆场化尴尬，面子工程要做足

在应酬中遇到尴尬的场面时，应做到审时度势，准确把握双方的心理，然后借助一定的语境与说话技巧，及时出面巧妙地打圆场，化解尴尬，维护交际活动的正常进行。只要话语到位，不但可以打圆场，而且可以让双方保全面子，甚至可以把坏事变为好事。

学会应酬，半生不愁

失意者面前要不要谈得意之事

有一次，张先生约了几位朋友到家里吃饭，这些朋友彼此都很熟悉。他把大家聚在一起主要是想借着热闹的气氛，顺便来安抚一位事业正陷入低谷的朋友，让他心情变得好一些。这位朋友不久前因经营不善，公司倒闭了，妻子也因为不堪生活的重压，正与他闹离婚。内外交困，他实在痛苦极了。

来吃饭的朋友都知道他目前的遭遇，大家都避免去谈及与工作事业有关的事。可是其中一位人称"老李"的朋友，因为刚做生意赚了不少钱，酒刚一下肚，就忍不住开始大谈自己赚钱的本领和花钱的功夫，那种得意的神情，大家看了都有些不舒服。那位失意的朋友更是低头不语，脸色非常难看，一会儿说去上厕所，一会儿说去打电话，后来早早地就离开了。张先生送他出门后，在巷口愤愤地说："老李会赚钱也不必在我们面前夸夸其谈嘛！这人说话太不中听了。"

见没有人恭维自己，老李认为大家是心存妒忌，事后也闷闷不乐。殊不知，他犯了应酬的大忌，在失业者面前大谈得意之事。

无论在什么场合，与什么样的人应酬，也不管要谈什么样的事情，在开口说话前，一定要先摸摸自己的脑门，认真想一想，哪些话该说，哪些话不该说。尤其在失意者面前，一定要把那些不该说的、自夸的话"过滤"掉，

★第4章★ 打圆场化尴尬：面子工程要做足

以免让别人产生一种被"比下去"的感觉。

每个人都有过这样的经历：自己顺心、一切如意时，心情也会跟着放松，和朋友们小聚时话就会比平常多；自己有什么得意之事时，也总是按捺不住，总想在朋友面前透露出来，希望得到朋友的赞扬，甚至是羡慕，以满足自己的虚荣心。

许多时候，在你过于得意的时候，其实无形中也会伤害到朋友。尤其是那些本身就不如你，却又身处窘境的人，他们会认为你是在有意"炫耀"，是在往他们的伤口上撒盐，所以，他们本能地会把你当做"异类"，并与你产生心理隔阂。

其实换个角度也不难理解，当你事业无成，工作一团糟，心情很郁闷时，朋友却在一边大谈他的得意之事：最近加薪升迁了，工作多么体面、轻松，生活多么滋润、惬意，你会作何感想？

人生都会遇到低谷，在失意的朋友面前，要少说一些得意的话，而要多一些鼓励与支持。具体来说，可以这样去做。

1.给予对方真诚的关心

有些人身处困境时，心理很脆弱，一根稻草都可能把他压垮，这个时候，他们最希望得到的是朋友的关心与理解。与这样的朋友应酬时，要学会真诚地表示自己的关心，适当的时候，要给予其一定的精神与物资帮助，这样可以尽快使他们走出人生的低谷。有位女士失恋了，在朋友面前痛哭流涕，一副伤心欲绝的样子，朋友听了她的故事后，虽然知道责任在她，但还是给予她真诚的关心，从心理上帮助她疏导，让她想得更开些。结果，很快这位女士就从悲痛中挣扎出来。事后，她非常感谢朋友对她的心理"救助"。

2.多说安抚、鼓励的话

失意的人一般很敏感，稍有"风吹草动"便以为是针对自己，表现得多疑、嬗变，情绪不稳定。因此说话时要尽量避免说和他有关的话题，更不要说对他有刺激性的事情。要尽量说一些安慰的、鼓励的话。

3.耐心地把对方的"故事"听完

当失意的朋友向你倾诉他的心事时,不管你多忙、多累,都应该坐下来,耐着性子听他讲完,并给予一定的安慰,使他的心情平静下来。切忌在听对方讲话时手里还干其他事情,或者即使是在听,脸上却露出不耐烦的神情。

4.学会帮助朋友找理由

有些人因为自己的问题,致使工作、生活,甚至事业受到打击,在安抚这些朋友时,尽量不要提及他本身的错误。如果朋友说:"这事都怪我太大意,做事缺心眼。"千万不要顺着对方的话说:"你这人就这点不好,做事毛毛躁躁……"而要学会从另外一个角度帮助朋友找理由,如,可以说:"这事换作谁也难保不出问题,你就不要太过自责。"如此,不但可以帮助朋友减轻心理负担,而且也是对朋友的一种体谅与理解。

任何时候,在失意者面前大谈得意之事,都是极其令人生厌的,不会为自己赢得一点好名声。所以,不该说的就不说,如果非说不可,也要少说为妙,切忌为了炫耀自己而不顾他人的感受。

▷▷**应酬心经**

就算在座的人当中没有失意的人,但总也有境况不如你的人,你的得意还是有可能让他们反感:人都是有嫉妒心的,这一点你必须承认。

第4章　打圆场化尴尬，面子工程要做足

打招呼对方不理你怎么办

一天早上，王先生在写字楼的电梯口碰到了赵经理，出于对上司的尊敬，他十分友好地向赵经理打了一个招呼：微笑着点头示意。当时等电梯的人不少，赵经理却对王先生视而不见，这让王先生十分难堪。他实在为赵经理想不出一个合理的借口：是对自己有成见？眼花没有看清楚吗？是不想在这种场合与自己有私人往来吗……

为此，王先生郁闷了一天，再见到赵经理时，自己也显得很不自然，心里还一直在纠结，不知赵经理的葫芦里到底卖的是什么药。

类似的尴尬许多人都有过亲身的经历：当自己主动与某人打招呼，对方却不予理睬，自己难免会失望、伤心、尴尬，甚至会抱怨对方冷漠、眼高，看不起自己，进而产生自卑心理。其实，当你向别人打招呼时，一个眼神，一句问候，一个手势，对方却视而不见，不见得就是对方有意为之，有时可能出于大意。

所以，为了避免让自己陷入不必要的尴尬，一定要学会理性地处理这类事情，该淡定时不要急躁，该放平心态的不要纠结，该值得反思的不要表现得太单纯。

学会应酬，半生不愁

1.要淡定

一次行业研讨会上，一位经理热情地到另一桌向一位在座的长者表示问候："您好，很高兴在这里碰到您，最近还好吗？"长者看了对方一眼，以为他是在向身边的人打招呼，所以没有理会他。这位经理又问了一句："您什么时候过来的呢？"长者这回头也没抬，一本正经地与身边的人聊天。

这让那位经理好不尴尬，当着这么多人的面，一下变得脸红脖子粗，恨不得赶快找个地缝钻进去。

回到自己的座位，同事问："你在向谁打招呼？"经理谎称："真是尴尬，认错人了。"同事也不再追问。其实，他并没有认错人，那位长者正是一个月前他在展会上认识的一位企业老总，没想到转眼间对方就会不认识自己了，让自己上前扑了一鼻子灰？莫不是上次有得罪之处？

他几乎没有心思参加研讨会，心思一直在这件事情上，越想越生气，同时又在心理责骂自己太自作多情。

其实，这位经理完全没有必要这样，碰到这种情况，尴尬是难免的，如果在自己表示问候后，对方没有任何表示，说不定是因为人家耳朵不好使呢。所以，可以走上前去，直接去打招呼，一般情况下，遇到这种情景，你再是陌生人他也会有所回应，大不了"对不起，认错人了"，也不至于让自己陷入尴尬不能自拔。

2.不纠结

当自己的好意被人曲解或是无视时，或多或少都会产生一些纠结：会尽可能把事情往坏的方面想，如，对方瞧不起自己，对方太冷漠……这种情绪可以理解，但是，有些事情不必总是装在心里，因为越是纠结，问题会变得越复杂，甚至会影响到你的正常生活与工作。

一次宴会上，来的客人较多，大家相互都不太熟悉。宴席开始后，小李端着酒杯走到一个餐桌前，举着杯对那桌人说："我是小高的朋友，也是他的老同学，今天我敬大家一杯。"本以为会有人站出来说个话，礼貌地表示

★第4章★　打圆场化尴尬，面子工程要做足

一下，却不见一个人开口，大家你看我，我看你，都觉得有些莫名其妙，小李也颇为尴尬，只好一饮而尽，说："我干了啊，你们随便。"他离开后，那桌人却在相互嬉笑着说些什么，这让小李更加尴尬：不老老实实喝自己的酒，真闲得没事出洋相。接下来，该敬的酒，他也不敢敬了，只是一个人喝着闷酒。

事后，他问朋友："那桌坐的是什么人？为什么我敬他们酒，他们都视而不见呢？"朋友说："那桌人都是不喝酒的，你没见他们都端着饮料吗？"小李这才恍然大悟，再也不纠结这件事情了。

有些时候，主动向对方打招呼，对方可能会因为注意力不集中，或者你的动作幅度太小等原因，而没有做出预期的回应。对此，不要太过纠结，要学会多站在对方的立场想问题，尽量把事情看得开些。只要自己想通了，事情也就不会显得那么尴尬了。

3.不单纯

有时候，你向对方打招呼对方不理你，是对方刻意的一种回避，对于这种情况，就应该仔细想一想问题的根源所在了。

一次，郭先生向一位迎面走来的女士笑呵呵地说："又要忙着去哪儿啊？"对方看了他一眼，一句话也没有说，像没那回事儿一样走开了。郭先生呆呆地站在原地，脸上泛着僵硬的笑，颇有点尴尬。其实，郭先生心知肚明，对方不搭理他是有原因的。原来，这位女士是郭先生的同事，他很喜欢与对方开玩笑，时间一长，便在公司内部弄出了一点小误会。这位女士多次和他说过："以后别再当着同事的面开一些没大没小的玩笑。"事后，郭先生见面还是会"妹子"长"妹子"短地叫个不停，于是这位女士就不再搭理他了，时常会有意回避他。

像这种情况，只能说是郭先生自找尴尬，怨不得谁了。许多时候，人与人之间因为一些看不见的恩怨情仇，也会发生对对方的招呼视而不见的情况。这时，不要单纯地认为，那是对方无意的，也许在某个时间节点，你小

学会应酬，半生不愁

看过对方，得罪过对方，只是事后你把这件事忘得一干二净，可是对方却一直记在心里。所以，适时地给你一回难堪也不是没有可能。另外，打招呼时一定要注意方式方法，太过粗鲁，或是随意时，也容易引起对方的误解，如，见了领导却大声招呼："王老二，今天派头不错啊。"那对方听了能高兴吗？

所以，在面对打招呼被人无视的尴尬时，要学会适时调整自己的心态，理性地面对，不要感情用事，随意揣摩对方的心理，以避免产生不必要的误解，从而影响了双方本该友好的关系。

▷▷**应酬心经**

见到熟人打个招呼没有多累，一个微笑、一次点头、一句问候，或者一个手势，便会给人一种平易近人的印象，不打招呼就显得高傲、冷漠，无意中会让对方心里有疙瘩。但打招呼一定要有礼貌，懂得尊重人，这样，别人才愿意回应你。

怎样没话找话避免冷场尴尬

一段时间股市特别热，小陈便把手上的一万多块闲钱买了股票。之后，他每天上班的第一件事情就是打开股票的账户，看是涨了，还是跌了，如果涨了，就大声告诉同事，如果跌了就默不作声。时间久了，同事们发现，小陈与人们聊天的话题更多地集中在投资理财上，你要是和他谈今天哪个明星

★第4章★ 打圆场化尴尬，面子工程要做足

出了什么事，哪部热映的电影要上映，他反倒不感兴趣。

有一天，他出去与一位新客户应酬，席间，两个闲谈起来，小陈张口闭口只谈股票，那位客户对股票是一窍不通，对此也不感兴趣，只是喜欢谈足球，而小陈从不关心体育，更不看足球，两人开始还有说有笑，对方说啥都会礼貌地点一头，或者连连说"是"。之后越谈两人觉得味儿越不对，不是你说你的，就是我干我的，甚至经常会出现卡壳，偶尔长时间出现冷场，场面几度显得很尴尬。饭后，客户对这次应酬不是很满意，认为小陈缺少诚意，一桩生意就此泡汤了。

应酬，说白了就是逢场作戏，就是尽量在应酬舞台上扮演好自己的角色，说好自己的台词。这里谈什么，怎么谈，都是有技巧的，有些不懂应酬技巧的人，虽然说起话来也头头是道，但经常在话题选择上犯错误，要么谈了对方不感兴趣的人与事，要么谈了对方忌讳的人与事，这都会影响应酬的效果。

在与人应酬之前，一定要先了解对方，根据对方的喜好与职业背景、性格特点、生活与工作的圈子等情况选择合适的话题。一般来说，诸如社会热点新闻、体育运动和近期赛事、小说、电影、食物、天气、名胜风光、电视节目，以及个人的特殊经历等都是可以当做应酬话题的。

通过聊这些话题，先初步判断出，对方对哪些话题感兴趣，对哪些话题不在行，进而再有针对性地选择适当的话题，便会达到良好的沟通效果。

1.适宜选择的话题

在和他人应酬交谈时，不可能时时都能使双方产生共鸣，况且经常会有第三者存在，但是，一个原则一定要把握，那就是尽量找到彼此都感兴趣的话题，或是大家可以聊得来的话题，如此，即使在交谈中偶尔产生失真，也不至于使气氛变得过于凝重。

以下，是10种可供选择的话题：

（1）对方可能感兴趣的事；

（2）衣、食、住、嗜好、娱乐；

（3）令人感动、感伤的事；

（4）家人、家庭、气候变化；

（5）称赞的话，无与伦比的事；

（6）旅行及有价值的话；

（7）利益及有关赚钱的事；

（8）新闻、时事问题；

（9）一些人生经验、人生经历的话；

（10）关于对方工作话题。

在交际场合中，与刚相识的人开始交谈是最不容易的。因为你不熟悉对方的性格、爱好，而时间又不允许你多作了解。这时宜从最平淡的话题入手，而不是冒昧提出太深入或太特别的话题。如，最简单的是谈天气，或从当时的环境找寻话题，比如："今天来的人可真不少呀！""这儿您以前来过吗？""您和主人是在哪儿读过书"，"那盆花开得真不错"等。还有一个中国人惯用的老方法：询问对方的籍贯，然后根据自己了解的情况，引导对方谈谈他家乡的风土人情，在应酬场上，这可以说是一个万能的话题。

2.应该避免的话题

哪些话题应该避免呢？从你自身来说，首先应该避免你完全不了解的事情。一知半解、似懂非懂、糊里糊涂地说一顿，不仅不会给别人带来什么益处，反而给人留下浮夸的坏印象。如果有人不识相，就你所说的事对你进行追问，而你却答不出，可想而知，那场面该多尴尬。其次是要避免谈你不感兴趣的话题，试想你对自己所谈的人与事都不感兴趣，怎么能期望对方能与你产生良好的互动呢？如果强打精神，故作昂扬，只能是作茧自缚，别人还可能从中看出你的不真诚。

第4章　打圆场化尴尬，面子工程要做足

具体来说，以下几种话题是要尽可能避免的：

（1）不谈对方深以为憾的缺点和弱点；

（2）不谈上司、同事以及一些朋友们的坏话；

（3）不谈人家的秘密；

（4）不谈不景气，手头紧之类的话；

（5）不谈一些荒诞离奇、不健康的事情；

（6）不询问女性的年龄、婚否、家庭财产等；

（7）不诉个人恩怨和牢骚；

（8）不讲述一些尚未明辨的隐衷是非；

（9）避开令人不愉快的疾病详情；

（10）忌夸自己的成就和得意之处。

从一个人的言谈可以看出他是否具有丰富的内涵及对生活的炽烈感情。在许多应酬场合，也许你并不是主角，但这并不妨碍你讲一些引人入胜的话题。可以想见，当所有人都围着你的话题聊得火热，不但应酬的场面有了，避免了无话可谈的尴尬，也会加深你在人们心目中的印象，可谓一举两得。

▶▶应酬心经

若所谈的话题，对方不曾接触，也缺少发言权，不免会使对方认为你是在自我夸耀，无视他的存在或鄙视他的无知，如此一来，岂不是又疏远了彼此的距离吗？

学会应酬，半生不愁

怎么避免话不投机的尴尬

朱元璋做了皇帝。一天，两位从前的苦难朋友从乡下赶到京城去找他求官，其中一个人对他说："我主万岁！当年微臣随驾扫荡庐州府，打破罐州城，汤元帅在逃，拿住豆将军，红孩儿当关，多亏菜将军。"他说的话很好听，朱元璋心里当然很高兴。回想起来，也隐约记得他说的话里像是包含了一些从前的事情，所以，立刻就封他为大官。

同来的另一个人听后，他心想："同是那时候一块儿玩的人，他既然有官做，我当然也不会太差"。

于是他就直通通地说："我主万岁！还记得吗？以前我们一起替人家看牛。有一天，我们在芦花荡里把偷来的豆子放在瓦罐里煮，还没等豆子煮熟大家就抢着吃，罐子都被打破了，豆子也撒了一地。当时的你只顾着把豆子从地上捡起来往嘴里送，却不小心把红草叶子也一块吃了进去，叶子梗在你的喉咙口，吐不出来又咽不下去令你苦不堪言，还是我出主意叫你把青菜叶子一起咽下去，如此卡在你喉咙的红草叶子才一起下了肚……"

他说的这些话让朱元璋在文武百官面前大失龙颜，于是还不等他说完就叫侍卫把此人拉出去斩了！

著名企业家马云曾说过一句话："傻瓜用嘴说话，聪明人用脑说话，智慧

★第4章★ 打圆场化尴尬，面子工程要做足

人用心说话。"这句话的意思是说只用嘴巴、不用脑子所说出来的话是傻话，而聪明的人说话前会经过大脑的思考，而用心说话的人则又上升了一个层次。

在应酬中，难免会遇到各种各样的人，对不同的人，应采取不同的说话艺术。即，"见人说人话，逢鬼说鬼话"。如果你在一个笑里藏刀的小人面前，仍保持你的君子风范，并拿出平日里的诚挚相待，那么结果不是你被他利用，就是事后落下个"不够聪明"的"美名"。因为小人就是小人，他们不会因为你的善良和诚意而被轻易感化，何况在应酬的潜规则里，善良和真诚不再是原则和规范，因为在这里，"卑鄙是卑鄙者的通行证，高尚是高尚者的墓志铭"。要学会对不同的人使用不同的脸色，说不同的话，这是应酬的经典潜规则之一。

每个人都有不同的脾气和性格，应酬交际时，只要看出对方是何种脾性，便可以依一定的应酬规律应对。

1．"对方太死板了，连玩笑都不敢开"

死板之人，就算你很客气地和他打招呼、寒暄，甚至讲笑话，他也不会做出你所预期的反应来。他通常不会注意你在说些什么，甚至你会怀疑他听进去没有。你是否也遇到过这种人？

如果在应酬中遇见这样的人，你就要花些工夫，仔细观察，注意他们的一举一动，从他们的言行中，寻找出他们真正关心的事来。你可以随便和他们闲聊，天南海北，拿一切能想到的话题试探他，只要能够使他们把话题深入下去，那么事情也就好办了。接下去，你要好好利用他们感兴趣的话题，让他们充分表达自己的意见。

每一个人都有他感兴趣和所关心的事，只要你稍一触及，他就会开始滔滔不绝，此乃人之常情，对付死板之人，这招最为奏效。

2．"这家伙太傲慢了，一点诚意都没有"

有些人自视甚高、目中无人，时常表现出一副"唯我独尊"的样子；像这种举止无礼、态度傲慢的人，叫人看了实在是生气，这种人也是最不受欢

迎的典型。但是你想过没有，当你不得不和他接触时，你要如何与他应酬？

如，某人说话虽然客气，眼神里却有些许傲慢，且不带一丝笑意，与这种人初次见面，会让人感到一种"威胁"存在。

对付这一类型的人，说话应该简洁有力才行，最好少跟他啰唆，多说无益，以免掉进他的圈套里头。

当然，每个人都有自己的立场和苦衷，如果对方"怀才不遇"，或怨恨自己运气不好、事业无成，那可以适当地表示你的同情，而不必理会他的傲慢。

3."这人是个闷葫芦，怎么都找不到话题"

和不爱开口的人谈一些事情，实在是非常吃力的。因为对方太过沉默，你就没办法了解他的真实想法，更无从得知他对你是否有好感。

对这种人，首先要辨别清楚，对方是在故作深沉，还是本就是沉默寡言的性格。如果是前者，就需要你借助应酬的场合，创造轻松的氛围，然后多用一些不同的话题去试探他，一旦找准了对方的兴趣点，自然也就撬开了对方的嘴巴；而如果是后者，最好采取直截了当的方式，因为你越是模棱两可，对方就越难开口。比如对于需要定夺的事情，直接问对方，是选择A还是选择B，这样的话，就可以比较快捷地明白对方的意图，省去了来回绕弯子的麻烦。

4."此人是位深藏不露的高手"

我们周围存在许多深藏不露的人，他们不会轻易让人了解其心思，这种人有一大特点，那就是他们说话往往不着边际，一谈到正题就"顾左右而言他"。如双方就某件事进行交涉，你变着法子想了解对方的真实想法，但对方却深藏不露，你始终看不到"庐山真面目"。

人们多半不愿将自己的弱点暴露出来，即使在你要求他做出答案或提出判断时，他也故意装不懂，或者故意言不及义地闪烁其词，使你有一种"高深莫测"的感觉，其实这只是对方伪装自己的手段罢了。

5."马大哈一个，他的话真不敢相信"

这种类型的人，乍看好像反应很快；他常常在说话进行至最高潮时，忽

★第4章★ 打圆场化尴尬，面子工程要做足

然妄下决断，给人"迅雷不及掩耳"的感觉。由于这种人多半性子太急，有时候为了表现自己的"果断"，做出的决定会显得随便而草率。

由于他们的"反应"太快，所以经常会对事物产生错觉和误解。其特征是：没有耐心听完别人的谈话，往往"断章取义"，自以为是地做出决断。这种草率的决定，多半会留下后遗症，产生意想不到的麻烦。

倘若遇见这样的急性子、马大哈，你就需要细心一点，最好按部就班地来，把你所要说的话分成若干段，说完一段之后，马上征求他的意见，没问题了再进行下一步，如此才不致发生错误，也可免除不必要的麻烦。

6. "简直是个自私鬼，只知道想着自己的好处"

这世上自私自利的人为数不少，无论你走到哪儿，总会遇到几个。这种人心目中只有自己，凡事都将自己的利益摆在前头，要他做些于己无利的事，他是根本不会考虑的。在应酬中遇见这样的人，也是最让人头疼的。

但是当不得不与自私鬼打交道的时候应该怎么办呢？自私之人多重利，也比较爱贪小便宜，这时你不妨嘴上多抹点蜜，再给他点小恩小惠，当他觉得自己得到了好处，自然会放松对你的戒备，这时你可以向他提出你的要求。切记一点的是，对自私的人，在个人私利方面也决不能轻易让步。

正所谓，沉默不言者人避之，高谈阔论者人厌之，唯有说话得人心者人喜之。说话讲究技巧，说话要有艺术。中国有句古话叫：三思而后行。而今天有句类似的忠告：三思而后言。即说话之前一定要经过缜密的思考，如此才能将话说进别人的心坎里，才能确保说话的质量与效果。

▷▷**应酬心经**

如果应酬的对象是"鬼"，就用"鬼"的方式来对待他。针对不同的对象、不同的事情、不同的时机，虽然说话的方式也应不同，但心中一定要有主心骨。

学会应酬，半生不愁

如何出面化解别人的尴尬

王先生大学毕业后，便取得了一级建筑师的资格，是一位有才干的人，身材高大，谈话风趣幽默，因此受到女孩子的喜欢。他本人对这件事也从不隐瞒，得意扬扬地在众人面前夸耀，让身边的人感觉到很无聊。

一天，王先生和两位上司到委托设计的客户那里谈合作项目，对方除一位董事外，还有两位部长出席。当天是第一次见面，目的在刺探客户的意向。双方在会客室站着交换名片，这时，王先生的名片夹里有样东西掉在桌上，众人的视线立刻跟上去。

突然，王先生发出"啊"的一声，一副狼狈的样子，片刻间发生的一切都被在场的人看在眼里，但是大家都假装什么也没看见。掉在桌子上的东西，原来是避孕套。他慌慌张张地捡起来，然后战战兢兢地窥伺对方董事的脸色。

"哈哈，没看到，没看到。"对方面带微笑地说。事后的交谈就在笑声和亲密感中进行。

虽然睁着眼睛说胡话，没有一点可信度，可在当时的情形下，却起到了非常好的作用。

人穿衣裳一为御风挡寒，二为遮羞，三为求得美丽。为人处世，谁都会

★第4章★　打圆场化尴尬，面子工程要做足

有羞于启齿的隐私。因此，遇有尴尬事时，遮羞是每一个人本能的反应。在与他人应酬过程中，家丑自然不可外扬，同样，对于他人难言之隐的尴尬事也要会学帮着遮丑。

当身边的人出现让人感到尴尬的事，你首先要保持冷静，不要手忙脚乱，否则只能是丑上加丑，推倒瓶子洒了油；其次，要学会顺力借力，不要"此地无银三百两"，生硬地遮丑，否则只会落下笑柄；再次，事后要帮着保守秘密，不要把别人的丑事随便泄漏出去。如果你能养成这样一种习惯，善于为别人遮丑，不但对方会感激你，事后对方也会在别的事情上"弥补"你的人情。

为了避免窘境给别人带来尴尬，在"意外"事件发生时，必须做好以下几件事。

1. 找个借口，给对方台阶下

有些人之所以在交际活动中会陷入窘境，主要是因为他们在特定的场合说了不合时宜的话，或做了不合情理的事，从而会造成整个局面的尴尬。这种情况下，最有效的打圆场的方法，莫过于以合情合理的解释来证明对方有悖常理的举动在此情此景中是正当的、无可厚非的，或是别具匠心的。这样一来，对方的尴尬解除了，局面也会恢复正常，大家面子上也显得好看。

有一次，著名演员新凤霞和丈夫举办敬老晚宴，请了文艺界许多著名的前辈。时年90多岁的著名画家齐白石在看护的陪同下也前来参加，老人坐下后，就拉着新凤霞的手目不转睛地盯着她看。看护带着责备的口气对齐白石说："你总盯着别人看什么呀？"齐白石不高兴了，说："我这么大年纪了，为什么不能看她？她生得好看。"说完，老人家气得脸都红了，弄得大家都很尴尬。这时新凤霞笑着对齐白石说："您看吧，我是演员，不怕人看。"在场的人都笑了，场面气氛也缓和下来了。在这里，新凤霞恰当地运用了打圆场的技巧，强调事件发生的合理性，以"自己是演员"为理由，证明齐白石看自己是正当而合理的，这样就顺利地摆脱困境，也给对方找了一

个台阶下。

2. 转移话题，制造轻松气氛

当别人说错了话或者做错了什么事，造成场面尴尬，使其本人无所适从，这时，你要学会帮着对方承认"错误"，并且巧妙地转移话题，把人们的注意力吸引到其他事情上面。

比如，通过用一些轻松、愉快的话题来活跃气氛，转移大家的注意力，或者通过幽默的话语将严肃的话题淡化，使原来僵持的场面重新活跃起来，从而缓和尴尬的局面。

当然，在应酬中谁也不可能预料一切。例如，也许你没想到和你打交道的人是与你有嫌隙的，或者是你竞争对手的朋友；也许你没估计到对方喜欢开别人的玩笑，却不喜欢被人开玩笑；也许你也无法想到那是对方有意为之……出现这些情况，处理不当都会让场面变得更加尴尬。

所以，有些情绪是会超出你的预期，在帮别人化解尴尬时，一定要看场合、看人，不要太一根筋，力气使不对地方，也会让自己陷入窘境。

3.善意曲解对方的本意

在应酬活动中，经常会由于一方说出一些让别人感到惊讶的话，做出一些怪异的行为举止，从而出现尴尬和难堪的场面。为了缓解这种局面，可以采用故意"误会"的办法，即，装作对其真实含义不明白，或是故意曲解，以从善意的角度做出有利于化解尴尬局面的解释。

善意的曲解并不是单纯的和稀泥、捣浆糊，而是弥补别人一时的疏忽，消解别人心中的误解和不快，保证人际交往的正常进行，因而是一种很有效也很有必要的交际手段。

当别人出现难为情的事情时，一定不要表现出一种窃喜，或是幸灾乐祸的姿态，而要尽可能出面帮别人解围，表示你的理解与尊重，一方面是救别人的急，另一方面也是给自己留余地。

★第4章★　打圆场化尴尬，面子工程要做足

▶▷应酬心经

为了照顾别人的名声和面子，有时说善意的谎言也是非常必要的，这样做，可以避免让在场的人感到难为情，也可以委婉地帮当事人挽回颜面。

别人给你尴尬该如何应对

某位作家应邀到一所大学做讲座，现场来了许多听众。在作家与听众互动环节，有人向他抛出了一个尖锐的问题："你今天之所以会被人们关注，不就是因为沾了电影××××的光。"这个问题一下让场面变得沉寂了许多了，主持人也不知如何圆场，本以为这位作家会变得非常尴尬，没想到他平静地说："这有什么好悲哀的呢？说我沾了某电影的光，我觉得这说法似乎本末倒置了吧。就好像我种的一棵树上长了颗果子，我吃了这果子，你说我应该感到惭愧吗？"

精彩的比喻惹来台下掌声雷动。

不小心被别人揭了短，或是出现错误被别人发现了，或是别人有意给你难堪等，这都会让你陷入窘境，如果你手足无措，贸然回击，只会让别人相信：真的刺到了他的痛处。再者，这样做也有损个人形象。聪明的做法是，要学会用恰当的方法化解自己的尴尬，同时，也让为难你的人处于被动。

具体来说，化解别人给你尴尬的方法有很多，以下是几种行之有效的方法。

学会应酬，半生不愁

1. 适时地自嘲

有了过错，受到别人过分嘲讽，可以顺着对方的思路通过自嘲来化解。不要忘记抓住对方的弱点，反守为攻，攻其不备。当然，这需要反应快捷、拿捏到位、恰到好处。

在一次盛大招待宴会上，服务生倒酒时，不慎将酒洒到了坐在边上的一位宾客那光亮的秃头上。服务生吓得不知所措，在场的人都目瞪口呆。而这位宾客却微笑着说："老弟，你以为这种治疗方法会有效吗？"会场的人闻声大笑，尴尬场面即刻被打破了。借助"自嘲"，这位宾客既展示了自己的大度胸怀，又维护了自己的尊严，消除了挫折感。

社交中，当你陷入尴尬境地时，不妨借助"自嘲"来使自己脱身。我们常说"自嘲"，顾名思义就是自我嘲讽，它也是一个人心境太平的表现，往往是非常机智和豁达的人才能偶然为之。

对于应酬高手来说，"自嘲"能体现一种潇洒的情态和处世的智慧，它能制造宽松和谐的交谈气氛，让人感受到你的可爱和人情味，从而改变对你的看法。

尤其当别人给你难堪时，偶尔来点自嘲，不失为一种展示自己良好修养的好方法，既能维护你的自尊，让自己建立起新的心理平衡，同时又能让人刮目相看，显示出你的气度与智慧。当然，以玩世不恭的态度不分时间与场合乱用自嘲，或是含沙射影、指桑骂槐的自嘲是不可取的。

2. 风趣幽默一把

在生活中我们常常遇到一些幽默风趣的人，他们遇事不慌不忙，靠自己的机智和风趣，把很棘手的难题轻易破解，使尴尬的场面变得轻松、随意、和谐。在人们的眼中，这样的人处理问题显得驾轻就熟，而且很有智慧。

据说，有位钢琴家波奇在美国密歇根州的一家剧院演出，发现全场有一半座位空着，他很失望。演奏完后，他还是大步走到台前，向听众表示谢意，并对听众说："朋友们，我发现福林特这个城市的人都很有钱，你们每

★第4章★ 打圆场化尴尬，面子工程要做足

个人都买了二三个座位的票。"

于是，这半屋子听众放声大笑，使劲鼓掌。波奇用幽默的话语，使他反败为胜，摆脱了困境，赢得了听众的尊重。在应酬场合，说话带些风趣和幽默更能体现出一个人的修养和礼仪，也可以表现出其独特的人格魅力。

无论何人，只要充分运用自己的智慧，随机应变，用幽默的言辞以缓和窘境，这就是一种成功。它能化冲突为喜悦，变危机为幸运，即使在充满火药味的场合，也可以成为最佳的缓和剂，帮助你摆脱困境。

3.以其人之道还治其人之身

有人挑起事端，企图以巧言戏弄你，陷你于尴尬境地。如果本意恶劣，而且过分，你完全可以以其人之道还治其人之身。对这样的人不必客气，必要的时候要学会杀杀他的威风，让他自食其果，将尴尬不知不觉地转移给对方。这也可以算作一种不得已而为之的办法。

有这样一个故事：一个自恃有才学的城里人，遇一乡下人，想奚落他一番，于是向他发难："请问这位老乡，你有几个令尊？"乡下人装作不知，反问："令尊是什么？"城里人以为得手，狡黠地一笑："令尊就是儿子的意思啊。"乡下人不动声色地说："噢，原来如此，那么请问您有几个令尊？"城里人没有思想准备，一时竟无言以对，气得直翻白眼。乡下人步步紧逼，佯做安慰状："原来您膝下无子。我倒是有两个儿子，可以过继一个给您当令尊，不知可否？"城里人偷鸡不成反蚀一把米，只好悻悻而去。乡下人做得有理有节，既给对方上了一堂"损人必损己"的课，又达到了维护尊严的目的。

4.将错就错化尴尬

此法适用化解自己与他人同处尴尬的局面。生活中经常发生这样的事情：一个人做事不慎造成你的尴尬，你若只顾排除自己的尴尬，全然不顾对方，也许会使对方陷入更深的尴尬之中。这样，自己虽然从尴尬中解脱出来了，但心里未必就觉得舒服。在这种场合，最好的办法是将错就错，索性把

双方的尴尬一起化解掉。

列夫·托尔斯泰为我们做出了示范：有一次，托翁去火车站迎接一位来访的朋友，在站台上被一个刚下车的贵妇人误认为搬运工，所以，她吩咐托翁到车上去为她搬运箱包，托翁毫不犹豫地照办了，贵妇人付给了托翁五个戈比。此时，来访的朋友下车见到托翁，赶忙过来同他打招呼，站在一旁的贵妇人这才知道为她搬行李的人竟是大名鼎鼎的托尔斯泰。贵妇人十分尴尬，频频向托翁表示歉意并请求收回那五个戈比，以维护托翁的尊严。不想托翁却表示"不必道歉"，和蔼地对贵妇人说，无须收回那五个戈比，因为那是我应得的报酬。双方的尴尬顿时化解在轻松的欢笑声中。

即使是再好的朋友，有时也会因为一些事情产生分歧与尴尬，这个问题处理不好，会严重影响双方的关系。话又说回来，正面改变别人对某些事情的观点是非常困难的，这时，就需要运用一定的方法与技巧，化尴尬为玉帛，在改变自己应酬方式的同时，也改变眼前的局面。

▶▶**应酬心经**

在应酬活动中，遇到意外情况或事件，如遇问卷调查，要求当场回答；适逢会议即兴发言；言语交际中突然有人发出质问、挑剔，或插话讥讽，或反驳挑衅等情况，在回复时一定要做到果断、恰当、得体，以达到圆满周到而无遗漏，恰到好处而无破绽的效果。

★第4章★　打圆场化尴尬，面子工程要做足

在哪些情景下该出面打圆场

一次，一位外国客人在某饭店请客，请10个人吃饭，要了5道菜3瓶酒。饭店女服务员小丁知道10个人5道菜起码得有5瓶酒。于是，她不露声色地亲自给客人斟酒。5道菜后，客人们酒杯里的酒还满着。这位外宾脸上很光彩，感激小丁给他圆了场，临走时表示下次还来这里。如果小丁想让这位外宾出洋相，那简直是太容易了，但那样就会失去一位回头客。而她没有那么做，而是不动声色地让对方摆脱了窘境。

在有些场合，一些言行不当的情况，容易让在场的人都感到难堪，比如指责、批评、拒绝等。越是在这个时候出面打圆场，帮着大家解围，越能够获得大家的赏识与好感。

在参与同事、朋友，或其他圈子的应酬时，遇有需圆之场，一定不要错过表现的机会，只要场圆得好，事情办得漂亮，那你在他人心目中形象与地位会直线上升。一般来说，在应酬场合，以下几种场面较为常见。

1.别人的错误或隐私被你发现

心理学的研究表明，谁都不愿把自己的错误或隐私在公众面前曝光，一旦被人曝光，就会感到难堪或恼怒。因此，在应酬活动中，如果不是为了某种特殊需要，一般应尽量避免触及对方所避讳的敏感区，避免使对方当众出

丑。或许你会出于好意，善意地提醒对方：应该注意自己的错误与隐私。这反倒会给对方造成一种压力与不适，甚至是尴尬。

那遇有这种情况该如何表现呢？

最恰当的方法就是装下糊涂，进而委婉点拨，如果对方明白你的意图，也不至于伤及颜面，如果对方没有反应过来，那就再寻找其他办法。总之，不可太直接，一定要照顾到对方的面子。

在一家著名的酒店，一位外宾吃完最后一道茶点，顺手把精美的景泰蓝食筷悄悄插入西装内衣口袋里。服务小姐不露声色地迎上前去，双手捧着一只装有一双景泰蓝食筷的绸面小匣子说："我发现先生在用餐时，对我国景泰蓝食筷非常喜欢，非常感谢您对这种精美工艺品的赏识，为了表达我们的感激之情，经餐厅经理批准，我代表酒店将这双图案最为精美并且经严格消毒处理的景泰蓝食筷送给您，并按照酒店的优惠价格记在您的账簿上，您看好吗？"

那位外宾当然明白这些话的弦外之音，在表示了谢意之后，说自己多喝了两杯"白兰地"，头脑有点发晕，误将食筷插入内衣袋里。接着借此台阶，说："既然这种食筷不消毒就不好使用，我就'以旧换新'吧！哈哈哈。"说着取出兜里的食筷恭敬地放回餐桌，接过服务小姐给他的小匣，不失风度地向前台走去。

2.别人的"小辫子"正好被你抓住

在应酬中，谁都可能不小心弄出点小失误，比如念了错别字，讲了外行话，记错了对方的姓名职务，礼节有些失当，等等。出现这类情况时，只要无关大局，最好低调处理，不要故意搞得沸沸扬扬，使原本不起眼的小事，变得众人皆知，让当事者下不了台。当然，更不能借此"要挟"对方：这回我可抓住你的笑柄了！故而来个小题大做，以别人的失误为乐子，这就显得为人不厚道，有点刻薄。即使当时众人会哈哈一乐，事后也都会对你敬而远之，产生戒心，孰轻孰重，不言自明。

★第4章★　打圆场化尴尬，面子工程要做足

3.不能不拒绝别人的要求

只要是拒绝，多少会让人面子上有些挂不住。所以，在把拒绝的话说出口的同时，尽量不要伤及别人的面子，那么如何让人有台阶下，便是一个不大不小的难题。

刘女士在民航售票处担任售票员工作，时常要拒绝很多旅客的订票要求，刘女士每每总是带着非常同情的口气对旅客说："我知道你们非常需要坐飞机，从感情上说我也十分愿意为你们效劳，使你们如愿以偿，但票已订完了，实在无能为力，欢迎你们下次再来乘坐我们的飞机。"刘女士的一番话，让旅客毫无怨言。

最聪明的拒绝一定要充满人情味儿，表达出对对方的理解与同情，并且要对事不对人，这样，才能让对方心服口服，面子上也挂得住。

4.在竞争上你总是占上风

因为竞争，人与人之间的关系有时会变得非常微妙，尤其是当你总是处于上风，对方心理多少会有些失衡。这时，在其面前绝不要摆出一副胜利者的姿态。

在这方面，做人如下棋，只有那些阅历不深的小青年，才会一口气赢对方七八盘，对方已涨红了脸、抬不起头，他还在那儿一个劲儿地喊"将"。其实，作为应酬活动，对输赢不必那么认真，主要目的还是交流感情，增进友谊。据说胡汉民极爱下象棋，又把输赢看得很重，在一次宴会后与棋艺不凡的陈景夷对弈时，本来已一比一平局，双方皆大欢喜，而他却非要下第三局，在残局时被对方打了个死车，顷刻间胡汉民脸色苍白，大汗淋漓，又急又恼，当场晕厥，三天后竟因脑出血死亡。

有些输赢不必看得太重，如，社交活动中的各种比赛：棋类比赛、乒乓球赛、羽毛球赛等，虽然大家都想成为胜利者，但是对于涉世经验丰富的人来说，即便他们实力超群，也会有所保留，或者让对方赢上一两盘，不致让对方败得很惨，面子上很难堪。

5.不满别人的言行而有必要指出时

日常生活中,你总有被无意或有意"冒犯"的时候,那么如何表达不满,而又让对方乐意改正就显得非常重要。在对待这个问题时,一定要讲方式与方法,即使是再亲近的人,也应该为对方留有余地,不能直来直去,让对方面子上过不去。

秀娟非常喜欢跳舞,男友小张偏是个内向的人,一段时间却常被她拉到舞厅。秀娟有个很不好的习惯,不跳到舞厅关门不尽兴,久而久之小张就有些受不了。有一次,他们从舞厅出来已是夜里12点多了,小张说:"你的慢四跳得很棒,我还没看够,你一路跳回宿舍怎么样?"秀娟撒娇说:"你想累死我啊!"小张一副认真的样子:"不要紧,我用快三陪你跳。"秀娟扑哧一乐:"亏你想得出,丢下我一个人也不怕我碰上流氓。"小张这时言归正传:"那你在舞厅丢下我一个人也不怕我打瞌睡被人掏了包儿。"秀娟这时才知道男友压根没有兴趣跳舞,以后就有所收敛了。

6.答应别人的事而不能兑现时

在与别人应酬时,不要轻率许诺,许诺时不要斩钉截铁地拍胸脯,应留一定的余地。当然,这种留有余地是为了不使对方从希望的高峰坠入失望的深谷。有些诺言是否能兑现,除了主观的努力之外,还有一个客观条件的因素。有些在正常的情况是可以办到的事,后来因为客观条件起了变化,一时办不到,这是常有的事。比如评定职称,如果名额有限而人数众多,即使你跑断了腿,也是徒劳,所以像这样的事就不能乱许诺言。

有些人口头上对任何事都"没问题"、"我一句话就行"、"包在我身上"。可是,嘴上承诺,过后遗忘。或者脑中虽未遗忘,但不尽力,办到了就吹嘘,办不到就噤若寒蝉。这种把承诺视作儿戏,是对自己,对他人的一种不负责任,长此以往,失去的不仅是朋友,还有自己的形象与人品。

一旦许下诺言,就一定要努力实现,即使要付出一定的代价也得去争取。的确是非人力之所能为的,就一定要放下面子,及时诚恳地向对方说明

★第4章★ 打圆场化尴尬，面子工程要做足

实际情况，请求对方谅解。只要能做到这一点，相信对方是会谅解你的。

除此之外，还有许多我们想象不到的场景，都需要设身处地站在对方的立场去看问题、想问题，这样既会把事情办得漂亮，让场面好看，同时，也可拉近彼此间的心理距离，实现心与心的交流。

▷▷**应酬心经**

圆场之"圆"没有一成不变的技术，圆场之"场"也无特定无疑的情形。圆场需要有心人，更需要适应性强的有心人。

如何避免被当面拒绝的尴尬

在平时的闲聊中，赵先生经常会当着别人的面夸自己的人脉关系广，结识的朋友有本事，能办事。说者无心，听者有意，一次，一位朋友想托他给办点事，但是没有直面说出来，而是在聊天时开玩似地说了一句："以后有事可得照顾一下兄弟。"赵先生爽快地拍着他的肩膀说："你的事就是我的事，只要我赵某人能办到的，你就尽管开口。"

虽然只是一句场面话，但这位朋友却很认真，不几天，就借一块儿吃饭的机会，想请他托人办点事儿："上次赵哥说，你认识一位做建材生意的老板，正好，我朋友也是做建材生意的，赵哥能不能从中穿个线搭个桥，介绍他们认识一下？"

还以为是什么好事，一听说是求自己办这种事，赵先生脸上的笑容顿

学会应酬，半生不愁

时变得不自然起来，不紧不慢地说："认识是认识，不过好久没有联系了，只是不知道人家现在做不做建材生意。"见赵先生有些难为情，这位朋友还以为他是想要些"活动费"，于是便提出："当然，这事我也得有所表示……"

其实赵先生根本不认识什么所谓的做建材生意的大老板，谁知朋友不识趣，偏偏往枪口上撞，赵先生只好说："不是我不愿意帮你的忙，只是现在人情淡薄，虽然认识，但我们之间很少有交情，所以，这事我真不便帮你啊。"

被赵先生当面拒绝，这位朋友心里自然不快，他认为是赵先生不愿意帮自己，甚至觉得他们之间的关系还不够铁。所以，接下来双方谈话的氛围也略显尴尬，王先生这才后悔在朋友面前说了大话，那位朋友也后悔自己嘴张得太勤。

张口求人，总是一件让人觉得脸上无光的事情。当然，为了应酬，嘴该张口时还得张，该求的人还得求，但是，为了避免给自己，也给他人造成不必要的尴尬与误会，在开口求人前，一定要三思。

首先，看自己提出的要求是否超出了对方的能力范围。如果要求太高，脱离实际，对方无法满足，这样的要求最好不要提。否则，必然会自找难堪。

其次，看对方的人品，以及与自己的关系。如果对方并非乐善好施之人，即使你提出的要求并不高，对方也会有一万个不情愿。在这种人面前，最好不要提出要求，不然也会自寻尴尬。此外还要看彼此关系的深浅，有时自己与人家并没有多少交情，一见面就提一些要求，结果只能是自讨没趣。

再次，看你提出的要求是否合理合法。如果所提要求违反政策规定，对方拒绝也就在所难免，这种要求最好免开尊口。

在应酬活动中，向他人提要求前，一定要先充分估计上述三种情况，即使要提，也要讲究方式与技巧，不可以太生硬，否则对方有意拒绝你的话，

★第4章★ 打圆场化尴尬，面子工程要做足

双方都会很难堪。处世高手在应酬场合向人提要求时，一般会使用如下几种方法。

1.自我否定法

如果自己对所提问题拿不准，怕直接提出来，显得太正式，太认真，对方回复起来有困难。这时，最好以一种试探性的态度来提相应的问题，而这种态度又是自我否定的，如，"我有件事情想找你帮帮忙，看你忙得够呛，估计没有时间"，在这样的自我否定中，其中隐含了两种可供对方选择的选项，要么顺着你的话说"真让你给猜对了，最近我确实没有时间"，要么会说："说出来，看看什么事，说不定我还能帮得上你的忙呢。"不论是哪种回应方式，都不会使双方感到不安与尴尬。

2.投石问路法

当你有具体想法时，并不直接提出，而是先提一个与自己本意相关的问题，请对方回答，然后从其答案来判断对方的意愿，如果对方表示出了某种不乐意，那就不要再提相关的事情了，这样可以避免尴尬。如，你想托对方帮你捎一些东西，你可以这样问："这次出差一定带不少东西吧？"如果对方说："可不是，带的东西比较多，愁死了。"那你就不要再张口让人捎东西了，如果对方说："什么都不用带。"那可以适时地把你的问题讲出来。

3.触类旁通法

当你想提一个要求时，还可以先提出一个与此同属一类的问题，试探对方的态度。如果对方的态度较积极，便可以进一步提出自己的要求；如果对方的态度不明确，或是较消极，那就不要张嘴了。用触类旁通法进行试探，其好处是可进可退，进退自如，在应酬中有广泛的用途。

4.顺便提出法

提出问题时最好不要太过郑重其事，而要显得随意一点，如果太过正式的话，就显得你很重视这件事情，一旦被人拒绝，自己会觉得没面子。如果在说话的时候，顺便把问题提出来，给人一种较随意的印象，即使对方当面

学会应酬，半生不愁

拒绝了，也不致让你变得很尴尬。在很多情况下，用这种轻描淡写方式顺便一说，就使自己变得更主动一些，有退路可走，可以有效防止对方否定造成心理失衡。

5.开玩笑法

有时还可以把本来应郑重其事提出的问题用开玩笑的口气说出来，如果对方给以否定，便可把这个问题归结为开玩笑，这样既可达到试探的目的，又可在谈笑间化解尴尬，维护自己的尊严。

6.打电话法

打电话提出自己的要求与面对面提出有所不同，由于彼此只能听到声音而不见面，即使被对方所否定，脸面不好看，对方也觉察不出来，所以，从心理上说，比当面被否定更易接受些。

与人应酬并不难，问题在于应酬时经常要"求人"。求人最怕什么，就是怕被拒绝，怕自尊心受到伤害。在人际交往界线越来越模糊的今天，鲜有不带功利性的人际关系，所以，该求的时候还是要求，但是一定要注意张嘴的方式与方法。

▷▷应酬心经

成功应酬，既要学会适应被人拒绝的情境，又要学会减少被拒绝的尴尬，关键时刻不但要张得开嘴，而且要张得好，张得巧。

第5章　破僵局解困局，三分搭台七分唱戏

做人要想受欢迎，必须要深谙人际应酬当中的"搭台唱戏"艺术，该搭台的时候，要搭得稳，搭得妙，该唱的时候要"唱"得动听，唱得入心，如此，即使在再复杂的人际关系中，你也可以取得一张通行证。

学会应酬，半生不愁

重归于好，搭讪的话该怎么说

王先生到银行去办理业务，人很多，年轻的女职员忙个不停，嘴里还在发着牢骚。轮到王先生了，由于他办理的业务很复杂，先后问了几个问题后，对方便有些不耐烦了，一口一个"不清楚"。王先生也很生气，心想："不问你问谁呀？"所以，很快双方就叫嚷起来了。

但王先生又仔细一想，业务办不成，回去就交不了差。看来这位银行职员无论如何也是得罪不起的。所以，他在对方稍稍平静后，话锋一转，说："你的字写得真不错，现在像你这样的年轻人，能写这样一手好字的确实不多见。"

对方抬起头说："哪里，哪里，还差得远呢。"

王先生很恭敬地说："真的很好，你大概练过字帖吧。"

对方回答说："是的。"

"我的字写得一塌糊涂，连名字都写不好，不信待会儿你看。"

一来二去，这位职员的怨气也消退了不少，并很快为王先生办理了相关业务。

每个人都有一个相对固定的生活、交际圈，几乎整天都要面对同样的人、同样的事，时间久了难免会与人产生一些矛盾、误会，但是大家整天抬

★第5章★　破僵局解困局，三分搭台七分唱戏

头不见低头见，所以，有再大的矛盾与隔阂，也不至于老死不相往来。如果矛盾的双方都有重归于好的意愿，就需要一方先表现出主动的姿态，以借助于一定的说话技巧，巧妙地打破这层坚冰。这其中，双方能够以什么样的态度接受对方，搭讪的技巧非常关键。

如果你作为主动的一方，在与对方搭讪时一定要讲究方式、方法，既不要让自己显得生硬，同时，又容易使对方接受，这样才会使双方皆大欢喜。

1. 抓住最佳的搭讪时机

王大爷是位象棋爱好者，有事没事经常在自己的修鞋铺前设下"擂台"，接受各路高手的挑战。与他过过招的人有不少，唯独有一位年轻人每次都可以轻松将王大爷将得灰头土脸。一次，王大爷正与一位老者对弈，年轻人凑到跟前说："信不信，今天我能让大爷三盘不开张。"

明知不是年轻人的对手，却还是被年轻人的激将法激起了斗志："我倒要看看你是怎么让我三盘不开张的？"结果，王大爷又当着众人的面输得一塌糊涂，伴着众人的笑声，年轻人也乐得合不拢嘴。这可让王大爷的面子有些挂不住，便对着众人说："现在的年轻人真不知天高地厚，下棋输赢很正常，但我最看不惯口出狂言的人。"

事后，有人劝王大爷说："不就几盘棋吗，何必与年轻人计较呢？"王大爷觉得也是，于是想再找个机会，以切磋棋艺为由和年轻人重归于好。年轻人也觉得自己的做法欠妥，也想找个机会向王大爷表示一下。

一天，王大爷又设下"擂台"，年轻人只是在一旁观战。当王大爷走出一步好棋时，年轻人立刻说："好棋！"听年轻人这么一说，王大爷一边下棋，一边夸奖年轻人。如此一来，双方的话也多了起来，并且态度都很谦和。后来，王大爷告诉年轻人："下棋有很多讲究，该赢的棋一定要赢，不可以故意露马脚输给对方，否则就是对对方的不尊重。当然，不该赢的棋，一定不要去赢，实在不行，就与对方讲和。"年轻人听后，有所领悟。从此，两个人下棋再也没有发生过不愉快。可见，王大爷不仅是位棋局高手，

学会应酬，半生不愁

而且也从中领悟到了为人处世的哲理。

所以说，想与曾经有过结的人重归于好，搭讪的时机一定要把握得当，这样才会避免不必要的尴尬，也容易让对方理解你、接受你。

2.寻找产生共鸣的话题

"物以类聚，人以群分"，每个人的社交圈，实际上都是以自己为圆点，并以共同点，如年龄、爱好、经历、知识层次等为半径构成无数的同心圆。共同点越多，圆与圆之间交叉的面积越大，共同语言也越多，双方能产生共鸣的地方就越多。比如，同班同学就比普通校友亲密，同宿舍的又比同班的其他同学关系要好，同桌比同宿舍的更容易建立起牢固的友谊。如果既是同桌又是老乡，那简直可以成为铁哥们。

因此，想消除之前的误会，在搭讪时要多考虑两个人之间的能够产生共鸣的地方，这样，谈起来也自然、亲切。否则，生硬地"塞"给对方一个话题，对方也不知该如何去接，就是有意与你重归于好，也会觉得在这个时候谈这样的话题显得不伦不类，容易产生尴尬。

3. 少些架子，多些幽默

幽默是人际关系的润滑剂，是智慧的结晶，它带给别人的是快乐，谁能拒绝这令人赏心悦目的礼物呢？在拥挤的公共汽车上，一个小伙子不慎踩了一位女士的脚，这位女士顿时变得怒气冲天，正要唠叨时，小伙子急忙说："真是对不起，对不起，我不是故意的。"接着又伸出一只脚，认真地说："要不，你也踩我一下。"那位女士一下子被这句话逗乐了。小伙子再次趁机搭讪，女士很乐意接受他的道歉。

一句巧妙的搭讪，不仅化解了一场争执，而且也赢得了对方的理解。可许多人不善于用这种轻松的方式与人搭讪，而往往显得很严肃，这样，就会给对方留下一种糟糕的印象：你太自我感觉良好、自以为是。如此一来，你在搭讪别人时往往会遭到冷遇，或自讨没趣。要知道，如果一个人在别人面前太过显示自己的优越感，唯自己是谈，是最令人讨厌的。

4. 策划一个小事件，制造一种巧合

有时，你可能没有机会与你想重归于好的人接触，更谈不上去搭讪，在这样的情况下，你可以"制造"一个机会。

小陈与小刘是同事，也是最要好的朋友，但因为一次不愉快的争辩，让双方的关系变得微妙起来。平时，他们都有意识地回避对方，两人虽然在一个办公室，但相互之间鲜有往来。冷静下来后，他们都觉得不应放弃这份友情，毕竟那种友情是不掺杂任何利益成分的。但是，碍于面子，都不好意思主动向对方示好。一次，小陈鼓起勇气，决定打破这种僵局，为此，他精心策划了一个小事件。

一个星期天，得知小刘一个人值班，小陈便打电话过去："喂，你好，是张主任吧？"

小刘心不在焉地回答："他不在。"

"那你是……"

"我是他的助理。"

"怎么听你的声音像张主任？"小陈故意展开话题。

"你的声音也挺熟悉，你是谁？"

"你猜猜？"

……

"原来是小陈啊，有什么事尽管说。"小刘显得很惊讶。

"这么巧啊。"小陈故弄玄虚似地说。

……接着，双方又是一阵寒暄。

之后，两个人开始重新建立起正常的关系。

可见，通过一个巧妙的小事件来直接与对方接触、对话，让对方觉得偶然的同时，也可借机委婉地表示你的善意与"建交"的意思，一般情况下，如果对方对你较了解的话，是会读懂你的心理。所以，这种方式可以有效避免直接搭讪给人的生硬感，让人接受起来也显得很自然。

学会应酬，半生不愁

可以肯定地说，不论是同事，还是朋友，一旦相互之间出现了矛盾与隔阂，搭讪都是修补相互之间的关系的主要途径。也即，双方只要你情我愿，通过自然、贴切的搭讪，往往能够用简短的言谈达到心与心的交流。

▷▷应酬心经

搭讪前，要尽可能多地了解对方心理，可以免吃闭门羹；搭讪时，要尽可能多地观察对方反应，把话说到对方心坎里；搭讪后，要尽可能多地说些祝福的话，以表达你的诚心。

如何出面调解他人的纷争

在一辆列车上，一位妇女卖雪糕，先叫二角五分一块，后又叫五角钱一块。有位女士买雪糕时说："前面卖的二角五，后面卖的是五角，有这样做生意的吗？"卖主却说："这叫一分钱一分货，二角五的怎能和五角的相比，我的雪糕是正宗货。"临了补了一句："虎了吧唧的（东北话"傻"的意思）。"买雪糕的妇女脸上"唰"地晴转阴，并高声说："你说的这是什么话？你说谁'虎了吧唧'的？"

卖雪糕的妇女顿时傻了眼，买主却越叫越带劲，眼看冲突就要升级。这时旁边的一位旅客灵机一动，说："大姐，她说的是雪糕'苦'了吧唧的，不是说您'虎了吧唧'的。"卖主也随声说："我是说雪糕，不是说您，对不起，我没说清楚。"旁边的人也说："刚才她说的是'苦'，不是

★第5章★ 破僵局解困局，三分搭台七分唱戏

'虎'。"听众人这么一说，买雪糕的妇女脸上开始多云转晴，嘴里念念有词："哎呀，敢情我的耳朵要聋了，怎么打起岔了，真不好意思！"随后，她向圆场的人感激地笑了笑，溜之大吉。

当应酬双方因彼此不满意对方的看法而争执不休时，很难说谁对谁错，作为调解者应该理解争执双方此时的心理，不要厚此薄彼，以免加深双方的误解，另外，对双方各自的优势和观点应都予以肯定，在一定程度上来满足他们的自我实现心理，在这个基础上，再拿出双方都能接受的建设性意见，这样就容易为双方所接受。

1. 圆中有方，劝中带威

一位记者与一位电影明星发生了些矛盾，采访时被拒之门外。他恨不得砸门以解心头之愤。一位老警察对这位记者说："好兄弟，你的心情我能理解，被拒绝采访是件很郁闷的事。但是如果你在这里闹出什么不愉快，就会让别人有借口了，还有一点，收容所春节放假了，一旦闹出了不愉快，我们还得叫来别的警察，你说哪一个没有家？哪一个不想过一个团圆年呢？你好好想一想。"

老警察的语言看似朴素，却充满了对记者的理解之情，短短的几句话，既表达了对他的同情，同时也表达了对同事的关心——记者如果闹出不愉快的事情就有可能使他的同事过不好春节。不难看出，老警察的语言中还饱含着"不要做违法的事情"之意。正是老警察这融情于理的语言引起了记者的思索，使其恢复了理智，从而平息了这场可能触犯法律的纠纷。

2. 有事说事，消除误会

有些纠纷是因为误会而造成的，只要出面澄清事实，就可消除误会，化解矛盾。

某镇几位管计生工作的人员到一家民营药店检查计划生育工作。开始，药店老板不问青红皂白，便大吵大闹，引来了不少围观的群众。这时，镇长赶到了药店。他对药店老板说："咱们有事好商量，吵闹解决不了问题。检

查计划生育工作，这是政策的规定，你把情况说清楚，配合我们开展工作。如果你有困难，只要不违反政策，我们可以帮助你解决。"药店老板听了，觉得自己误解了工作人员的来意，顿时气也消了，错也认了，并表示愿意配合对方工作，接受检查。矛盾也就此解决了。

3. 两头致歉，巧达和解

有时矛盾的双方都有调解的愿望，但一时又找不到台阶，这时，调解者可以巧妙地代一方向另一方致歉，从而引起另一方的感动而又主动地向对方致歉。这样就可有效地促成双方和解。著名作家梁晓声在他的著作中说过这样的一件事，他的母亲与邻居卢婶及卢婶的大小儿子因用地问题发生了纠纷，他了解到情况后，首先批评了母亲，指出卢婶及大小儿子在窗前接出一间房子的事情可以理解，因为他家人多，没地方居住。然后梁到卢婶家替母亲说了些致歉和好的语言。卢叔、卢婶听了梁晓声的话，一人拉住他的一只手十分动情地说："不能责怪你的母亲，不能责怪你的母亲。"大小儿子则向梁母承认自己吵架不对，是不尊重梁母的表现。就这样两家互谅互恕，和好如初。

4. 不偏不向，寻找平衡

有些纠纷由于原因复杂，或者由来已久，调解时需要具体情况具体分析，辩证地阐明事理，从而使双方产生认同感，并达成共识。一次，办公室里的两位同事发生了一点矛盾，场面很僵持，经理了解到情况后，出面先是批评了A："再怎么说，你也算是一位男士，怎么就不让着点女同志呢？因为这点小事，至于翻脸吗？"接着，他又对B说："虽然你是位女同志，但也不能因为人家让着你，你就觉得自己多占三分理。"

如此，经理不偏不向，对双方各打五十大板，结果事情很快就解决了，双方也没有什么怨言。

5. 妙背黑锅，主动揽责

有时，相互之间发生一些不愉快，碍于面子，双方都不愿意先主动示好，这时，作为第三者，可以适当为双方背一下黑锅，这样既可以消除大家的误会,又可以化解双方的矛盾。

小李和老王同在一间办公室工作。一次,小李去行业协会听报告,老王不知道,因此对小李很有意见,当面质问小李为什么不告诉他听报告的消息,两人因此吵得面红耳赤。张经理了解吵架的原因后,对老王说:"听报告没有通知你,这不是小李的错,是我没有让他通知你,因为你们两人有一个人去听报告就行了。你如果有意见就对我提吧,不要责怪小李啊。"老王听后,觉得自己错了,于是主动向小李致歉,他们又和好如初。

巧舌头解开死疙瘩,大多的纠纷并非动武那么刺激,一般都是文戏。诸如家庭纠纷,亲戚朋友之间的纠纷,同事之间的纠纷,邻居之间的纠纷,陌生人之间的纠纷。如果不及时地加以解决,很可能会造成更深的积怨。作为他们的同事、朋友,该出面时一定要出面,善于用巧妙的话术来为他们创造和好的机会。

▷▷**应酬心经**

调解他人之间的纠纷与矛盾,一定要本着不偏不倚,让各方都满意的原则,审时度势地展开话术,而不要掺杂太多个人的情感因素。

不要当面戳穿别人的"谎言"

一次,许小姐打电话叫出租车,并一直站在门口等,眼看司机开着出租车从自己面前驶过,却完全没有注意到许小姐挥舞的双手。整整又过了10分

学会应酬，半生不愁

钟，才见司机从另一个方向开来。上车之后，许小姐抱怨道："为什么这么久才来，不是在电话里说好5分钟就到吗？"

司机居然回答："是啊！只怪路上交通太挤了！"

当时许小姐正在气头上，便毫不犹豫地说："算了吧！我看到你从我面前驶过，你是没找到，不是交通拥挤！"

司机没有再说话，只见他脸上泛起一丝红晕，目光里带着一点恨意。只因许小姐当面拆穿了他的谎言。

事后，许小姐很后悔她的做法，她觉得自己做得有点过分，那样做对自己没有一点好处，却凭空伤了对方的情面，让人对自己产生了一份忌恨。

在应酬活动中，有时人们不得不说一些善意的谎言，以回避某些敏感的问题，或是为了给自己找一些体面的借口，当然，也有一些人出于习惯，经常会说一些谎话。不管是遇到哪种谎言，都应学会睁一只眼闭一只眼，而不能去当面戳穿。

有些人聪明反被聪明误，总会当着众人的面戳穿对方，以证明给大家看：瞧，我猜得没错吧，他就是在说谎。这样做的结果只有一个，那就是为自己树立新的敌人。

如果对方很明显是在说谎，那你也不必面带难色，一副不懈的样子，而要学会装蠢，也跟着说一些"痴言呆语"来附和对方，以充分照顾对方的面子，帮着他把这个"故事"说圆了。

郭先生有一个习惯，就是在与别人聊天时喜欢表现自己的优越感。一次，在谈到关于汽车的话题时，他声情并茂地说："前几天开了次朋友的高档车，感觉那叫一个字'爽'。"

在场的小郝问："你朋友开的是啥车？"

"宝马Z4啊。"郭先生的回答有些不自然，在场的人都知道他可能是在说谎，也就没有把这句话当回事。小郝却不依不饶，追问道："这是什么时

★第5章★ 破僵局解困局，三分搭台七分唱戏

候的事啊？"

"是，是上上周吧，对，是上上周。"

"什么？上上周，咱们不是一块儿到会展中心了吗？"

"那就是我记错了。"

"你连驾照还没有，朋友还敢让你开他的豪车，你就吹吧！"

"爱信不信。"

郭先生被小郝"将"得脸青一阵白一阵，心里别提有多郁闷了。事后，郭先生再也不想搭理小郝。

在这件事情上，小郝做得就不够聪明，他过分相信自己的判断，并当着众人的面戳穿郭先生的谎言，让对方颜面全无，无形中把自己置于了对方的对立面。这在应酬中是一大忌。

讲究应酬艺术的人，通常不会这么做，一旦发现对方在说谎，他们会顺势帮着圆场，并随口说一些幽默、调侃的话，以创造一种轻松、活泼、诙谐的交际氛围，虽然谈的内容可能会让人感到"荒唐至极"，但瞬间思考后便会恍然大悟，觉得巧妙绝伦，谐趣无穷，从而显示出自己的优雅与智慧。

通常，如果明知对方在说谎，神情一定要淡定、自然，不要让对方觉得你心中有他念；其次，嘴上要慎言，不要说任何猜忌的话，因为这个时候，说谎者的心理往往也是非常敏感与脆弱的，出言不慎，会让对方很难堪，自己面子也不好看，从而容易形成交流困局；再次，要学会扮演痴呆角色，即对对方所说的话有意"曲解"，如，朋友明明是被老板炒了鱿鱼，偏说是自己炒了老板，这时，你就要学会顺着他的话说，假装对他的公司、工作情况等不了解，觉得他主动离职一定是想另谋高就。

在面对说谎者时，要先尝试着去理解其说谎背后的真实用意，或者其不便直言的隐情，然后，再跟着说一些可以往其脸上贴金的话，或是一些能照顾到其面子话，这样，不仅场面好看，对方也会从心底里感激你。当面戳穿别人的谎言，不仅会使对方陷入窘境，让场面变得尴尬，也容易降低双方的

学会应酬，半生不愁

信任度。任何时候，你自己希望别人如何对待你，你就用同样的态度去对待别人。

▷▷应酬心经
谎言背后总是有一定的隐情、用意与不便，面对谎言，你的聪明一定要用对地方，多用理解、善意的眼光去看对方，少些刻薄、尖酸与挑剔。

说别人坏话被听到后怎么收场

小黄明知背后道人长短不好，可是却经常管不住自己的嘴，说的尽兴时便会捎带着数落一下某人的缺点，或是习惯对他人品头论足。一次，他当着一位同事的面说："小王那人太小气，上次借他5块钱，竟提醒了我两次……"同事不言不语，随后把话题叉开了。几天之后，这话便传到了小王耳朵里，他听了非常生气："没想到小黄竟是这样的人，喜欢背后论人长短，真不像个男人。"

如此一来，双方便结下了一些梁子，变得面和心不和，两人在一块气氛经常会变得很尴尬。

世上没有不透风的墙，如果你私下议论了某人的不是，说了某人的坏话，事后这些话很可能会传到某人的耳朵。如此，那你们再次见面时，难免就会产生一些心理隔阂，甚至会发生一些不愉快的事情。

★第5章★　破僵局解困局，三分搭台七分唱戏

　　如果你在某个时间或某个场合说过别人的坏话，在对方知道后，要第一时间找对方谈谈，把你的想法告诉对方，以求得对方的谅解。当然，态度一定要真诚，不要只是做做样子。

　　有次，A先生不小心说B先生做人有点自私，不懂得理解人，很快，这话就传到了B那里。见B对自己的态度有了明显的变化，感觉像是知道自己都说过他些什么，所以，一天晚餐时间，A先生约B先生到一家餐馆聊聊，一见面，A就说："首先向你表示一下歉意，上次与小周聊天，无意中说到你，你可能也知道了，那些话你不要放在心上。"为了照顾A的面子，B装作不知情，一脸的茫然："什么事？你在说什么？"

　　A说："我当时说话有点夸张，说了些不中听的话……"

　　B说："我以为是什么事呢，事情早就过去了，你也不必太纠结，没事，没事，谁还不说个错话。"

　　没想到B先生如此宽宏大量，让A先生很感动。B先生也认为，A先生当初说那些话，可能是出于对自己的一些误会，既然能当着自己的面把事情说清楚，也还算敢做敢当，也没有必要再计较这件事。这件事之后，所以双方成了无话不谈的好朋友。

　　相反，有些人明知自己说过的坏话可能早已传到了对方的耳朵里，还是会装作若无其事，这种装糊涂无益于僵局的破解。生活中这样的例子也并不鲜见，如，一个人背着他人说某人的不是，事后对方知道后，他依然装作什么事也没有发生过，这种自作聪明的做法，只会加深对方的忌恨。

　　当然，更有甚者，明明说了别人的坏话，别人找上门来，还矢口否认，觉得对方冤枉自己，或者会咒骂中间那个传话或"造谣"的人。试想，这种姿态怎么会获得别人的好评？如此这般，即使再正直、开明的人也不敢靠近其半步。

　　背后说人坏话，是最伤感情的一件事，关系再铁的朋友，也可能因为私下一句话说得不得体而翻脸不认人。所以，平时要避免在背后论人长短，要说也

学会应酬，半生不愁

要多说别人的优点与长处，多说别人的好话，如果不慎口误，说了别人不该说的话，那最好在这话传进对方耳朵之前，先向对方打个"招呼"，并送上最诚挚的歉意。相信，一个度量宽大的人，会把它当做一个"玩笑"，并不会太计较这件事。这样做，远比事后想办法弥补更有助于对方理解你的善意。

▷▷应酬心经

　　背后论人长短被人听到后，无理的强辩只会进一步损坏你的形象，更无益于事情的解决，说不定就此会多一个敌人，少一个朋友，要紧的是，赶快低头认错！

如何劝架方能功德圆满

　　一天，在一条车水马龙的大马路边上，围了一大群人。原来是一对年轻夫妻在吵架。男的三十来岁，戴副眼镜，看模样像是一位高校教师；女的面容憔悴，哭得十分伤心，吵着要撞汽车寻死。

　　那男的大声责骂妻子"没知识，跑到大马路当众出丑"，粗话连串，越骂越凶；妻子则越哭越响，旁人在一旁劝也无济于事。

　　这时有位老人镇定自若地上前拍拍那男的肩膀说："你戴了副眼镜，像个教授。你有知识，就不要闷在肚子里，要拿出来用。"老人把"用"字字音拖长，讲得很响亮，那男的听后愣了一下，定神听老人说话，也不再骂了。

　　老人停顿了一下，接着又说："你应该用你的知识来说服你的妻子！如

★ 第 5 章 ★　破僵局解困局，三分搭台七分唱戏

果你只会跺脚，只会骂，不也变得很平常，没知识了吗？还是找个地方，冷静下来，好好劝劝她吧！"

那男的听完这一番话，顿时像泄了气的皮球，刚才粗野的劲头也消失了。

老人又去劝那女的："有话好说么！找组织，找亲友，都好讲么！心里有什么委屈都讲出来，不要闷头哭！汽车不能撞，大卡车可是个大力士，你瘦瘦一个人怎么撞得过它呢？"众人不禁哄然大笑起来。那女的被大家笑得不好意思，倒也不哭了。

这番劝架的话确实立见功效，那对夫妻平息了战争，慢慢地走到公共汽车站，上车走了。

有过一定社会阅历的人都清楚这样一个事实：大多时候，吵得难分难解的双方，无不希望趁早收摊。但是，由于那些起哄的围观者在旁边注视，想收都收不了。于是，双方的话越来越尖锐，口气也越来越硬，甚至会演变为扭打的场面。当争吵的双方拳打脚踢，而围观者还在作壁上观，无动于衷的话，那就真让人感到有些"悲哀"。

在面对别人的口角纷争时，如果你能出面解围，他们对你的感激肯定像滔滔江水绵绵不绝，而你的"人情水果"落得一地自不必说，当你需要人来为你解围时，也会有人甘心为你费这个口舌，你也能免受些口水战之苦。所以，劝架于人于己都不是什么坏事，该张口时就张口。具体来说，该如何出面劝架呢？

1. 劝动口又动手的架，把握时机很关键

对于一些动口又动手的架，出面前一定要知道自己有几斤几两。如果自己的经验不够丰富，很可能会让事态变得更复杂。

老王一没有与人打过架，二没有多少吵架的经验，但是却好管闲事，经常喜欢出面调解同事间的矛盾。一次，有两位同事因为一句闲话发生了口角，进而扭打在一起。这时，老王自告奋勇，挺身而出，说："喂，喂，你

们两个早该停手了！"

A同事满腹怨气，说："什么你们两个，看清楚没有，主动找茬儿的是他啊。"

B同事也凶巴巴地说："什么早该停手？这里没你什么事。"

老王接着又对A同事说："你就别打了，听到了没有？"

A很不服气，觉得他只劝自己，不劝B，是有意偏袒B，所以回了一句："我凭什么听你的？"

里外不讨好，老王也一肚子怨气："你以为我想没事找事？"

这时，经理正好赶到，才及时制止了双方。

从这个案例中不难看出，老王对劝架的时机把握得不够准确。如果时机把握得准，完全可以防患于未然，及时阻止他们发生的冲突。

那什么样的时机才是最佳的劝架时机呢？

（1）如果双方都原地坐着，当其中的一人突然提高嗓音站起来时。

（2）如果双方都原地站着，其中的一个突然向前迈出一步，预告即将动武之时。

这时候，立刻上前，"警告"并制止动武的人，就不算是偏袒了任何一方。问题就在于，没有劝架经验的人，很难有这种辨别力。更多的时候，他们会等双方正式交锋了，扭打一起时，才开始上前劝架。这时，即使不挨揍，被双方怀疑拉偏架的可能性也较大。

如果无法在动武之前拉开双方，那在劝架时一定要做好挨揍的准备。如，可以将身子挤到两人中间，尽量严厉地吼道："住手！"要么，赶快招呼在场的人出面将双方拉开。

记住：别为了完全避免"池鱼之殃"而等到打架告一段落时才上前劝架，那样做就未免太残忍了，也显得不厚道。

2.劝只动口不动手的架，多留意双方在意的事

劝说吵架的双方，应该从双方最在意的方面入手，当他们开始注意自己

第 5 章　破僵局解困局，三分搭台七分唱戏

形象的时候，你就很容易成功了。

有人发生口角是因为观点不同，有人是因为利益纠纷，有人是因为误解……在劝架时，要充分了解事情的原委，有针对性地劝架。一次，刘先生的两位朋友因为话不投机，差点酿成一次冲突。其中，一位同事有言在先："某些人不喝酒，不是不想喝，是老婆管着不让喝，是'气管炎'，不像个男人。"另一位同事觉得其话中有话，并且越想越觉得像是在说自己，于是回了一句："俗话说，吃不穷，喝不穷，男人没有本事，那才叫真的穷。"对方听后也很不爽，觉得他是在暗指自己，因为自己一年换了三份工作，日子过得并不宽裕。一来二去，双方便明着叫起劲来。

刘先生说："你们都太敏感了，我看你们都说的在理，也都说的不在理，这要看怎么说，你说不喝酒就是'气管炎'，我看不见得，酒喝多了伤身，当然，少喝点对身体也是有好处的。"

接着，他又对着另一位同事说："什么叫'男人没本事，那才叫真的穷'？有本事却过穷日子的人多着呢，没本事却过舒坦日子的人也不少，咱有多少本事就吃多少饭，扯其他的有什么用？"

听他这么一说，两位朋友也都住嘴了，随后，在刘先生的撮合下，双方重归于好，都表示误解了对方的意思。

这个案例中，刘先生的聪明之处就在于，在双方各自最在意的地方做文章，既照顾到了双方的面子，也及时化解了一场口水仗。

劝架者劝架水平高低，对化解冲突至关重要。如果在应酬场合，不幸遇到吵架、打架的事情，能劝则劝，适时做一回"和事佬"。毕竟大家同在一块儿谋事，看到别人吵架、打架，即使能管的也不管，坐山观虎斗，好似看西洋镜似的，未免有些缺少良知了。更何况，你去劝架、调解，让吵架、打架的双方心里也能有一丝温暖：并不是人人都不闻不问、冷酷无情。

学会应酬，半生不愁

▷▷应酬心经

在面对他人的矛盾与纠纷时，该出手时就出手，如果去劝拿刀动枪的架，那么你十有八九会"挂花"，这时不可硬上，要学会找人来帮忙。

破解困局常用的6种技巧

某公司一对中年夫妇，婚后近10年双方关系一直不错。但最近因为一件小事情，两人发生了些矛盾，谁也不服谁。由争吵再到打骂，闹得公司上下满城风雨，一度面临离婚的严重危机。在领导和亲朋好友的关心、劝导和说服下，两人终于心平气和地坐下来相互"交心"，但谁也不愿公开"认罪"，男方终于先开了口，说："我们是在斗争中求团结、求生存、求发展，今天，能进入这样一个和平民主、共同协商的新阶段，是我们双方努力的结果，它来之不易啊！"可谓言简意赅，语短情长。女方也就势接过话头说："是啊！正因为它来之不易，所以我们要倍加珍惜今天这个安定团结的大好局面！"夫妻两人就是在这样妙趣横生的对话中彼此交了心，统一了认识，化解了矛盾，言归于好。

应酬中的僵局并不少见，处理得好，大家都有面子，处理不好，大家都没有台阶下，局面只会变得更僵。所以，在破解应酬僵局时，一定要因人、因事采取灵活的办法，把该说的话说到位，该做的事做到点，如此，就没有

★第5章★ 破僵局解困局，三分搭台七分唱戏

化解不了的僵局。

下面就如何破解僵局做一些简单总结。

1. 指鹿为马，巧妙解释

有时某种行为在特定场合中虽有着特定意义，但当事者为了化解困局，却巧妙地解释为另一种意义。戈尔巴乔夫偕夫人赖莎访问美国时，在赴白宫出席里根送别宴会途中，他在闹市突然下车和行人握手问好。苏联保安人员急忙冲下车，围上前去，喝令站在戈尔巴乔夫身边的美国人把手从口袋里抽出来。他怕行人口袋里有武器，行人一时不知所措。这时，身后的赖莎十分机智，立即出来打圆场，她向周围的美国人解释说，保安人员的意思是要人们把手伸出来，跟他丈夫握手。顿时，气氛变热烈了，人们亲切地同戈尔巴乔夫握手致意。这里，赖莎机巧应变，妙打圆场缓解了当时尴尬的场面。

2. 妙语连珠，适度恭维

古往今来，君子小人无不爱听好话，若当事人十分懊恼或不快时，只要旁人说几句得体的美言，便天开云散了。一次，解缙陪朱元璋在金水河钓鱼，整整一个上午一无所获。朱元璋十分懊丧，便命解缙写诗纪之。没钓到鱼已是够扫兴了，这诗怎么写？解缙不愧为才子，稍加思索，立刻信口念道："数尺纶丝入水中，金钩抛去永无踪，凡鱼不敢朝天子，万岁君王只钓龙。"朱元璋一听，龙颜大悦。

南朝宋文帝在天泉池钓鱼，垂钓半天没有任何收获，心中不免惆怅。王景见状便说："这实在是因为钓鱼人太清廉了，所以钓不着贪图诱饵的鱼。"一句话说得宋文帝拿起空杯高兴地回宫了。

即使明知是恭维的话，人们还是喜欢听，所以，在应酬中，遇有难以化解的困局时，不妨也多美言几句，只要把话说到人心坎里，大家一乐呵，便可以大事化小，小事化了。

3. 善用假设，巧避锋芒

在特定的应酬场合，有时可以用假设句去表达自己的一些想法，这样，

就可以回避锋芒，委婉地化解僵局。

甲有两个朋友乙和丙，不料这二人反目成仇，一天乙对甲说，丙在众人面前说甲的坏话并揭其隐私。甲听后半信半疑，跟着骂丙吧，怕冤枉好人；不骂吧，一来怒气难消，二来怕乙尴尬，他琢磨了一会儿，说了一句两全其美的话："如果那样，丙这人可不咋样！"

这样的回答显得很聪明，既不得罪乙，也不得罪丙，同时还让自己免于尴尬。

平时，对猝不及防或不愿、不好回答的提问，也可采用这种句式。

如，问："你爱王小姐吗？"

回答一："如果她爱我，我就爱她。"

回答二："如果她可爱，我就爱她。"

回答三："如果我爱她，那我就不会爱上别人。"

由于附加了假设的条件，使表达变得婉转，所以问话人、说话者和涉及对象都能接受。

4.承认错误，诚恳致歉

在人生中，各种矛盾屡见不鲜，但许多矛盾是可以通过道歉消除的。其中，伤害了别人的人，只要能多些自我反省，勇敢地承认自己的错误，向受害人诚恳道歉，便不难化解矛盾。

以上介绍了6种常用的破局技术，在实际运用时要学会举一反三，活学活用。

▶▶应酬心经

为人处世欲功德圆满，必须要有良好的人脉资源，人脉何来？除了要学会广交朋友，也要学会帮助有隔阂的人成为朋友。

第6章　求门路找帮衬，义利并举礼为先

做成事，靠的就是门系与门路，关系铁，门路广，很多事情可以请人来帮忙。美国石油大王约翰·D·洛克菲勒曾这样说过："我愿意付出比得到任何其他本领更大的代价来获取与人相处的本领。"可见，穷人需要关系，富人也同样需要关系。如果没有关系的话，做事就很困难，但如果连做关系的应酬技巧都不懂，那办起事情来便会难上加难。

学会应酬，半生不愁

求人办事如何以礼开道

小王与周经理曾有过一次业务往来，正是因为那笔业务，小王不但从中得到了3万元的提成，而且还因此受到了老板表扬，并被提了职。小王觉得，自己有这么好的运气，全靠周经理的帮忙，所以事后一心想找个机会表示一下感谢。中秋节前几天，他特意买了两盒高档月饼，以及两瓶好酒，怕工作时间周经理不方便收受，于是便给他的秘书打电话，说有些礼品要送给周经理，希望他帮忙先收下，秘书答应了。

下班后，周经理见秘书笑眯眯地提着礼品盒要往自己车上放，便说："又是什么人送的吧？拿回去也不吃，你就拿回去送人吧，省得再买。"秘书一时也不知道对方叫什么名字，做什么工作的，所以，只是大概描述了一下，周经理人脉关系很广，听他这么一说，也想不起送礼的人是谁，便执意让秘书拿回去。而小王却一直以为周经理收到了他送的礼品，并且能够清晰地记得自己。

古人云："衣人之衣者，怀人之忧"。意思是说，穿了别人送的衣服，怀里就会装着别人的心事或隐忧。用现在的话说，就是收了别人送来的礼物，就要考虑为别人办事儿。这同民间所谓的"收人钱财，替人消灾"和"吃了人家的嘴软，拿了人家的手短"意思大体相同。

★第6章★ 求门路找帮衬，义利并举礼为先

送礼是门艺术，自有其约定俗成的标准。送给谁、送什么、怎么送都很有奥妙，绝不能瞎送、胡送、滥送。人们在送礼时，往往会碰到三大难题，其一，不知送出去的礼对方是否喜欢；其二，囊中羞涩，但礼又不得不送；其三，不知怎样才能把礼送的得体、大方，双方皆大欢喜。办事要活脱，表现在送礼这类事情上，就是要学会巧妙地以礼开道，让小礼送出大人情。

吸取古今中外一些成功的经验和失败的教训，在求人办事，以礼开道时，要注意下述原则。

1.射箭看靶心——送礼要有的放矢

在日常生活中，选错了送礼对象的人不在少数。比如说，把礼物送过去了，事情却没有办成，因为对方是位无足轻重的人物，根本办不了什么事儿。所以即便送了礼也是徒劳无益的。

所以，送礼要送给关键人物，不能送张三一点，又送给李四一点，王五也送去一点，结果礼物被分割零散了，分量显得很轻，很难起到利益驱动的作用。这还不算，送的对象多了，难免人多嘴杂，心机泄露。对事情有百害而无一益。

在送礼之前，一定要权衡好各位"要人"的权力，查问好谁对这件事有裁决权，起主导作用。谁是办事的关键人物，就把礼物送给谁。礼物送到点子上，要办的事情可能就迎刃而解了。相反，如果把礼物送给了次要人物，可能就收不到相应的成效。

2.投其所爱——送礼要对症下药

确定了给谁送的问题之后，接下来就要考虑送什么好。这里所谓的"好"，不是以自己的喜好为标准，而是以对方的喜好为标准。所以，送礼之前，要根据对方日常生活的偏好，分析他到底喜欢什么礼物。

比方说，有的喜欢喝酒；有的爱好吸烟；还有的很高雅，他们对古董、字画、典籍等感兴趣；还有的人干脆就只是喜欢贵重的东西。真是人心方圆，各有千秋。不管对方爱好什么，你都要学会针对他的爱好送礼。只有送

了对方十分喜欢的礼物，他才会动心、动情。对方只要动了心和动了情就会有诚意为你办事。

3.权衡利益——送礼也要有轻重

给人送礼，一是要根据所要办的事情的分量轻重和利益大小，来确定给对方送多少礼合适。事情较大，与自己的利害关系密切，就应该多送一些；如果事情无关大局，酌情可少送一些。

二是根据事情的难易程度，以及需要承担风险的大小，来确定礼物轻重。如果事情难办，或者对方所承担的责任风险大，那么送的礼物就应偏重一些，否则便可少一些。

三是送礼要有季节性，也要有流行性。要根据人们日常送礼的惯例，确定礼物的价值水平。

一般而言，礼物这东西送多送少，一方面与送礼者的经济条件有关，另一方面也与当时的社会风气密不可分。所以，礼物的轻重、多少要恰到好处，既要达到求人办事的目的，又要有所节省，不至于得不偿失。

4.因时制宜——时机场合要讲究

送礼要讲究时机，讲究地点，讲究场合，这样，对方才容易接受。很多人送礼，喜欢在晚上送到对方家里，其实这未必是最佳选择。

因为晚上对方可能不在家，礼送去了，人却见不着，该当面说的话没机会说，难免会有些遗憾。或者对方在家中，却另有外人，带着礼物进去，未免有些尴尬。所以，最好的时间，应该选择在早上，对方未动身上班之前；或者在星期天的早上，对方刚刚起床不久为佳。

因为这种时候，带礼物进门，既无外人打扰，又能把要找的人堵在家中，便于见面，便于说话。另外，有一些其他场合也可以送礼，比如，在酒店请客时，可以当场送些烟酒，让对方带回去。所以，送礼场合是可以随机应变的。

5.尊重传统——送礼也要讲习俗

送礼前,应了解受礼人的身份、爱好、民族习惯,免得送礼送出麻烦来。有个人去医院看望病人,带去一袋苹果以示慰问,哪知引出了麻烦。正巧那位病人是上海人,上海人叫"苹果"跟"病故"二字发音相似,送去苹果,岂不是咒人病故?由于送礼人不了解情况,弄得不欢而散。

鉴于此,送礼时,一定要考虑周到,以免节外生枝。例如,别人结婚时不要送钟,因为"钟"与"终"谐音,让人觉得不吉利;对文化素养高的知识分子,你送去一幅蹩脚的书画,就显得很没趣;给意大利人送菊花,给日本人送荷花,给法国人送核桃,都会引起对方的反感。

6.体现真情——送礼要有意义

礼物是感情的载体,任何一件礼物其实都表示了送礼人的特别心意:或酬谢、或祝贺、或孝敬、或怜爱、或爱情,等等。所以你选择的礼品必须与你的心意相符,并使受礼者觉得你的礼物非同寻常。实际上,最好的礼品,是那些根据对方兴趣爱好选择的富有意义或耐人寻味的小礼品。比如,我们为住院的朋友送去一束鲜花,定能使其心情愉快,增强其战胜疾病的信心;为远方的同窗寄一册母校的照片,定能唤起他对学生时代的美好回忆;给爱好文学的朋友送上一套名著,必能使他欣喜若狂,爱不释手;为心上人送去一条漂亮的纱巾,她会含情脉脉地依偎在你怀里……

7.不落俗套——有"理"有"利"有新意

有"理"有"礼"才会有"利"。不论为人处世,还是求人办事,许多时候难就难在"礼"上,聪明能干的人,往往在"礼尚往来"中很有一套,他们不但能把世故与人情都揣摩得很透,而且与人交往时不落俗套。所以,对这些人来说,即使送再大的礼,最终也不会做成"亏本生意"。

反观那些送大礼办小事,或是送了礼却办不成事的人,大多时候都落了送礼的俗套中,即,有求于人时,才会把礼送上;或是送上贵重的礼品,以礼"压"人,让对方不得不为自己办事等。其实,这种做法都不是聪明人的

学会应酬，半生不愁

做法，聪明人知道如何让一份小品送出大人情，也知道如何才能通过送礼来解对方燃眉之急，或是帮对方锦上添花。

所以，求人办事以礼开道有许多讲究，只有摸清了其中的门道，才能把礼送出分量，送出人情来。

▷▷ **应酬心经**

礼多人不怪，身处一个爱"礼"的环境里，如果缺关系少门道，却又不善送"礼"，那办起事来简直是难上加难，两眼一抹黑。

看菜下酒，看人送礼

一位学生受老师恩惠颇多，一直想回报，苦无机会。一天，他偶然发现老师红木镜框中镶着的字画竟是一幅拓片，跟屋里雅致的陈设不太协调。正好，他的叔父是位在全国小有名气的书法家，手头正有他赠的字画。这位学生马上把字画拿来，主动放到镜框里。老师不但没反对，而且喜爱非常。

在送礼之前，如果能了解对方的兴趣与爱好，伺机按照对方的情趣有的放矢，巧妙安排，这样，对方才更易于接受，为你办事也就十拿九稳了。所以，送礼要看对象，要有针对性，如，送给恋人与友人的礼物就不同，送给老人与孩子的礼物也不相同。

不管礼轻礼重，要想收到较好的送礼效果，一定要根据送礼对象学会有

★第6章★　求门路找帮衬，义利并举礼为先

区别，有选择性地送礼。

1.对普通人，以实惠为佳

家贫者，生活必不宽裕，你送去的礼物如是实惠的生活消费品，对他必有贴补之用。即与其送去只具观赏性的工艺品，让其束之高阁，不如送一套被罩更能令其心花怒放。

2.对有钱人，以精巧为佳

如果受礼者家庭比较富裕，生活消费水平较高，那么一般的礼物很难引起他的兴趣。你勒紧裤腰带，花了半个月工资买下的礼品，在对方眼里也可能只是一件再平常不过的东西。就如土耳其谚语说的"把礼物送给富人，就像提水倒入大海"。可是，有时那份礼又不能不送，因此还是从精巧上花些心思。

比如，送去一枚你自己亲手刻制的印章，使其在绘画时可以派上用场，或是送去一支用山藤棚雕刻的烟斗，既是件工艺品，又未花分文。这可能会引起受礼者的兴趣，他在赞赏你对他细致了解的同时，定会非常珍惜你的那份劳动。

3.对朋友，以趣味性为佳

尤其是年轻朋友之间，生活本无牵挂，浪漫色彩浓厚，礼尚往来时可以多在趣味性上想些点子。朋友过生日时，送去代表他属相的工艺品，他一般很乐意接受；在他布置房间时，可以送去用布缝制的滑稽小猴，置于沙发之上，会令其捧腹；他出国时，送她一条签着全班同学名字的手绢，必会令其激动不已。

4.对老人，以实用性为佳

可口的食品、舒适的衣服、急需的用具，可能会博得老年人的欢心，对他们的身体健康极有好处，也融洽了两代人的关系。

5.对孩子，以启智为佳

现在的孩子衣食住行等方面都很充裕，作为孩子家长最期望的是他们智

力上的开发。所以，智力玩具、图书画册、学习用品等能启发孩子智慧的礼品会备受青睐。

6. 对外宾，以特色为佳

外国朋友自然对具有异国情调的礼物感兴趣，你不妨送些唐三彩、真丝丝巾、景泰蓝、剪纸、惠山泥人、龙井茶等中国的特产，以博其欢心。

送礼要因人而异，如果你能从言谈话语、兴趣爱好、脾气秉性、房间陈设、经济情况等多方面对受礼者进行深入的了解和研究，并根据自己的经济实力，恰当地选择了合适的礼物，定能博得他的欢心。

▷▷应酬心经

礼轻礼重，关键是会送：送得好，送得到位，双方会皆大欢喜，境界全出；送得不好，让人挡回，触了霉头，定会堵心数日。

求领导，是佛就得拜

王佳是个办事老道的人，他不但是某信息中心的创办者，同时，他还身兼一家文化公司的总经理。他认为，求领导办事要分清等级，大领导办大事，小领导办小事。去年五月的一天，正逢信息中心成立一周年，为了提升该中心在业内的影响力，王佳决定召开一次新闻发布会。几十家大大小小的媒体都联系好了，但总觉得还缺点什么。

一位副总建议："最好能请一些业内重量级的专家或是权威出席，这样

★第6章★ 求门路找帮衬，义利并举礼为先

的发布会才显得有分量。"关键时刻，还得王佳出面。但是，他也攀附不上那些专家，于是他想到从他们身边的人入手，通过层层渗透，最终搞定几位有头有脸的大人物。

经过几天的明察暗访，王佳终于与一位知名专家的秘书搭上了一点关系，一连多日以"礼"攻关，最后，秘书终于答应了，而且表明：自己的领导比较忙，时间可贵，分秒都值千金，如果你们有诚意，一定要按规定与程序办事。

王佳爽快地答应了，开会那天，果然聘请来了几位重量级的人物，新闻发布会变得轰动一时。

有些职场人士在抑郁不得志的时候，常抱怨自己空有一身本事，却得不到一位伯乐的赏识，求人办事更是两眼一抹黑，在复杂的社会关系中感受不到一点人情味儿。其实，每个人的生存环境还需要靠自己去改变，要想把路走宽、走顺，攀附关系是人生的一门必修课！

在今天看来，这并不是一件容易遭人非议的事情，说得好听点，就是要善于与领导搞好关系，尤其是直接或间接影响你生活、工作的那些关键人物，一定要在他们身上多下点工夫。这样，你才更容易打通人生与事业上的一些关键通道，方便做好你想做的事情。

再说，人在职场，谁没有个领导？生活中，那些抱怨自己没路子的人都是些不善应酬的人，一无关系，二无本事，自然也就不能与领导结缘，更谈不上办事了。是个领导就能办点事，许多时候，领导之所以不办事，办不了事，那是因为你求人技术不行。

在求领导的时候，要学会不走寻常路，尝试从多个角度去开启、攀附、融通这层关系，这样才能求得其所。

1.甘做心腹求领导

小燕原是一家企业的出纳，虽然工作表现一般，却能步步高升。她常

说:"现在的社会,是漂亮女人的世界,因为漂亮女人办事到哪都是一路绿灯。漂亮女人的亲戚有两个,一个是大款,一个是大官。"

的确,小燕人不但长得漂亮,而且能说会道,做事也很"势利"。所以,当其他姐妹为了保住饭碗经常需要加班加点工作的时候,小燕却一次次意外升迁。这主要得益于她与领导关系混得硬,不是今天称总经理一个"干爸",就是明天称副总一个"表姐",遇有事情要办,随便一张口,领导不为她办事都不成。

也许有人会说,这个小燕一定不是什么好东西。错!小燕平时很注重与领导保持距离,作风正派,并且从来没有什么绯闻。公司领导也对她信任有加,有人问小燕:"你是如何赢得老总信任的?"小燕得意地说:"天下一家亲,关键看你是否攀附领导。"

在现实中,并不是每一个人都能像小燕一样去求领导,对于大多数人来说,攀附领导都存在相当的难度。毕竟,想攀附领导的人不在少数,为此,平时要多引起领导的注意,多表现出忠诚他、赏识他、追随他的姿态。如此,领导就会记住你,并对你产生一种好印象,这样,便为你下一步攀附创造了有利条件。

2.疏通关系求领导

有人为了编织自己的关系网,可谓用心良苦,见了领导就想拉拢,其实大可不必。如果能结结实实地背靠一棵大树,一生都可以乘凉。领导是真正的人事通,每个领导,都有一张自己的关系网,尤其是领导与领导之间,再难办的事也能好说好办。

所以,当你结识了一位人际关系不错的领导,那么,通过这位领导再去求别的领导办事,成功的可能性会非常高。

3.疏通下属求领导

俗话说:"宰相门下七品官。"如果想求人办大事,在没有直接攀附能力的情况下,可以采取"上台阶"的方法,从下往上,一级一级地往上攀。

★第6章★　求门路找帮衬，义利并举礼为先

这是因为找"一把手"，或是真正主事的人才好办事，因为他们说话有分量，说行就行，说不行就不行。不会像那些不主事的副手，或是"二把手"，说了不算，算了不说，不是拖泥带水，就是模棱两可。但是，越是主事的人，越是职位较高的人，越是难以接触到。

在求领导办事时，要学会多从其下属身上下工夫。只要学会层层渗透，并通过领导身边的人物打通各个关节，最终让领导出面帮你说说话，融通一下关系，那事情不成也成。

所以，在求领导办事时，能不能把人求动，能不能把事办成，除了要有一定的热情，要舍得做出一些"投资"外，还要看你使用什么样的方法与技巧，只要你的手段高明，方法正确，就没有求不动的人，办不成的事。

▷▷应酬心经
想求领导，就要先把领导当佛来对待，平时没事时要多拜拜，多注意人情投资，不要急时才想到找领导，那不是求领导，而是"命令"领导。

求老交情办事，该张嘴时就张嘴

李爽毕业后一直在家待业，正好这个时候，在城里上班的姨父老赵想办早退，便想让李爽以"少换老"的方式进工厂，但工厂的要求是，"少"必须是未婚、城镇户口，大学本科。可李爽是农村户口，还是高职毕业。于是，老俩口便合计着如何找关系把这件事情办成。

学会应酬，半生不愁

老李很快就想到了一个人，这个人便是他的表弟，是城里一家小工厂的厂长。妻子有些不屑一顾："他？一个小厂长，能办成什么事？"

"你这个脑瓜子，他好歹在城里混了那么多年，就是他办不了，总也认识几个能办事的人吧。"

"你们平时走动也少，贸然去求人家，人家能答应吗？"

"怎么说也是一家人，这个忙他帮也得帮，不帮也得帮。"

拍板决定后，老赵便启程前往表弟那里。见面后闲扯了一会儿，便直入主题，把来意说明："一家人不说两家话，这次来就是想让你帮李爽落实个工作。"

表弟很惊讶："她要是愿意，来我的工厂没问题，问题是人家不一定愿意来吧。"

老赵把情况详细说了一下，表弟显得很为难，一会儿说事情不好办，一会儿说自己关系少，老赵也管不了那么多，抱定青山不放松："这事就包在你身上了，你办也得给办，不办也得给办。当然，该花多少钱，不用你掏一分钱！"

最后，表弟只得硬着头皮答应下来。没过几天，事情就办妥了，老赵顺利地办理了早退，李爽也如愿进入了工厂。

交情是什么？交情就是你有事，只要张个嘴，我能帮则帮；我有事，该张嘴时就张嘴，双方之间没有太多的隔阂。如果连这点都做不到，那就谈不上交情。拆开来解读，交情，即首先要有交往，其次，相互之间要有人情债。常听人说："我与某某交情不浅。"言外之意就是，双方之间说话办事较方便，没有太多避讳。

应酬技巧高的人，人脉关系比较广，其中不乏会有许多老交情，这回你求我办事，那下回我找你张嘴，如此一来，人情越做越足，门路越走越广。

当然，求老交情办事也有一个前提，那就是你们之间一定要有交情，

★第6章★ 求门路找帮衬，义利并举礼为先

并且对对方来说，你对他也有一定的利用价值。否则，那就是赤裸裸地求人了，这就又是另一码事了。

有些人认识的人较广，时间也较长，平时也有一些往来，但相互之间很少为对方办过事，那也要把这层关系归结为老交情，就有些勉强了。

通常，老交情暗含了这么几层关系：朋友关系、同学关系、亲戚关系、同乡关系。

1.亲朋好友，想用就用

俗话说："在家靠父母，出外靠朋友。"一个人可以没有金钱，没有地位，没有体面的工作，但是绝对不能没有朋友。有句歌词唱道："朋友多了路好走。"只要在朋友中有个好人缘，好多事不用发愁便可办成。现代社会中，人们在运用关系网办事是最不应该忽略朋友之间的交情，找朋友办事不必存在太多顾虑，该张嘴时就张嘴。

（1）对朋友要坦诚相待，不玩心计。朋友之间了解比较多，也比较深，如果找朋友办事切记不可藏藏掖掖、神神秘秘，以免让朋友对你产生不信任。找朋友办事坦言说明究竟要办什么，自己为什么办不了，为什么要找他，只要是你直言相告，朋友能帮的话肯定不会回绝你。

（2）该客气时还是要客气。朋友之间一般都比较熟悉，说话较随便，你若托他办事，不用多少客套话，朋友自当会不遗余力。如果事情可以办妥，也无须用钱表示，只需吃顿饭便可，如果关系确实铁，只需一个"谢谢"就可以了，朋友一般不会计较。

如果朋友不能直接帮你办事，也得"人托人"，那你就不能只是嘴上客套一下就行了，这时，绝不要让朋友白跑腿，请客送礼更不能让朋友掏腰包。

（3）要有的放矢，不要为难朋友。找朋友办事时也要看朋友的社会关系，以及事情的难度，如果朋友有些为难，那就不要勉强，给朋友以压力。再就是遇到与朋友利益相抵触的事，最好不要找朋友办。

2.同窗知己,该靠就靠

学生时代,同龄人在一起,热情奔放,无话不说,彼此之间性格、脾气、爱好、兴趣等都能够深入了解。因此,同学关系往往是一个人一生中最长久的朋友关系,一般情况下,当你有难相求,对方都会尽力帮助。所以,在求同学办事时,该张嘴时也要张嘴。

张新高中毕业后,没有考入大学,于是回到村里做些小买卖。他在中学时的好朋友何军却考入了一所知名大学。由于张新有经营头脑,致富有门道,后被村民选为村长,负责带领大家致富。这时的何军也如愿进入了省城工作。一次,张新为贷款的事伤透了脑筋,这时,忽然听人说,从前自己的同窗好友何军在省城混得不错,于是想:"何不向他张张口?"

于是他来到省城求助何军,何军很热情地将他请进办公室。屁股还没有坐稳,张新便迫不及待地说明了来意。何军二话不说,便应承下来,同时告诉他说:"以后有事只管说,我只要能为你办的,一定会尽力而为。"不久,张新就贷到了那笔急需的款。

求同学办事不要怕丢面子,一些人在求同学前,总是有所顾虑:"一样读书,一样在社会上立足,自己为什么要去求别人呢?"其实,这种想法多半是错误的,要知道,有时候一个人被人求,也会产生一种自我满足感与成就感。尤其是曾经的同学,这不仅让他感到脸面有光,而且,也说明你很重视他。再者,求同学办事也是低成本的,你既不需要送上一份大礼,也不需要低三下四,好话说尽,许多时候,只需要设一个饭局,或是设计一个应酬场面就可以了。

3.故乡人,当求则求

俗话说:"老乡见老乡,两眼泪汪汪。"中国人有着强烈的乡土观念,其表现之一就是对同乡人有一种天生的热情,尤其是到外地上学或谋生之时,这种同乡感情就愈发强烈。所以,身在异乡,有机会求求老乡,也是一条求人的路子。现在,人口的流动性越来越大,许多人离开家乡,到异地去求职谋生。身在陌生的环境里，拓展人际关系有一定难度，这时，老乡便是拓展人脉关系的一条重要纽带，必要的时候，要学会从同乡关系入手，打开局面。

4.求亲戚，适可而止

常言道："血浓于水"，亲戚是你人脉资源中最亲近的一脉，遇到困难事，只要张张嘴，忙对方肯定是要帮的。但是，由于这种关系很微妙，也很脆弱，所以，在求亲戚办事时，一定要把握好一些尺度。

（1）不要算成一笔糊涂账。在求亲戚办事时，其实也是需要付出一些成本的，尤其是当亲戚再托人帮你办事时，免不了要花一些吃喝钱。不要以为自己求的是"三大爷""二大妈"，就忽略了这些。这个时候，该算的账一定要算清楚，并及时还上，人家不要那是人家的事，至少你要表示一下。如果自己觉得无所谓，非要等到人家主动提出来，不但面子上不好看，会让亲戚关系变得很微妙。如此，就得不偿失了。

（2）尊重为先，不要强人所难。特别是在彼此之间有地位、职务存在差别的情况下，一定要尊重为先。常言道："穷在闹市无人问，富在深山有远亲"。这就是说，就亲戚而言，财大的、地位高的人对自己的亲戚是很有吸引力的。地位低的人总是希望从地位高的一方那里得到一些帮助，同时在他们提出自己的请求时，都怀有极强的自尊心。在这种情况下，如果地位高的一方对来求助的亲戚表示出不欢迎的态度，那就很容易伤害到对方的自尊。通常，地位低的人对于被小看是很敏感的，只要对方流露出哪怕一丁点的冷淡都会心存不满。

还有另一种情况，就是有些人求亲戚办事，特别是办一些有违原则的事，人家不给办，就心怀不满，说人家不讲情谊之类的话，这也是很伤人的。在有地位差异的亲戚之间，最常见的矛盾不是在求与被求之间，而是在不能满足对方要求的情况下发生的。所以，求亲戚办事时，也要考虑对方的难处，不要给对方出难题。

学会应酬，半生不愁

每一个人都或多或少有过求人办事的经历，不论事情大小，求人之前，如何张嘴总是一件让人非常纠结的事。但是在求老交情时，该张嘴时一定要张嘴，为此，平时要多与他们走动，多为他们办一些事，如此，向他们张起嘴来，也就没有那么多心理负担了，并且，人家也愿意还你一个人情。

▷▷应酬心经

托人办事，不但要看面子，还要看交情，交情深，嘴就张得大些，交情浅，嘴就张得小些，怕就怕没有一点交情却狮子大开口。

你不好意思，人家怎么好意思

翁小军虽然是个实在人，但人际关系混得还算不错。平时，不论是同事，还是朋友，只要有人张嘴向他求助，他即使有一百个不愿意，最终还是会碍于情面答应下来。有时为了帮别人办一点事，经常自己又劳心又劳神，有时还需要搭上一些请客送礼的吃喝钱。虽然他也有过怨言，但是下次该帮别人的时候，还得去帮。帮别人的忙倒是没什么，只是当自己遇有一些问题，需要别人帮助时，总是张不开嘴，不是怕别人不愿意，给挡了回来，就是觉得事情没那么麻烦，不必麻烦别人。

一次，翁小军在外地出差，随身带的笔记本发生了点故障，上不了网。正巧那天下午他要赶4点的火车，如果到车站排队买票的话，怕是时间来不及了。他想到了给朋友打一个电话，让他帮自己先定一张票，但是拿起手机，

★第6章★ 求门路找帮衬，义利并举礼为先

却变得犹豫了，他想到了很多，怕朋友不在电脑旁，怕朋友说卡里的余额不足，怕朋友有些不愿意……情急之下，他还是拨通了朋友的电话，得知他的情况后，朋友快速赶回家里，帮他订好了车票，完全没有出现翁小军预想的那些情景。

从那之后，翁小军开始重新看待求人与被求这件事，他逐渐意识到，自己越是不好意思张嘴，朋友越是不好意思帮你，自己越是大大方方地去求人，朋友出手时越会少些心理负担。

在人际交往中，脸皮薄，虽不是什么优点，但它一定是一个缺点。如，求人办事抹不开面子，总是怕这怕那，再小的事也不好意思张嘴，即使张了嘴，也显得唯唯诺诺，说话没有自信，如此求人，岂有不败之理？

的确，不到万不得已，一般没有人愿意去张嘴求人，云随便落人情债，再说了，张了嘴若被拒绝的话，面子上也显得很难堪。

当然，这也并不是说，脸皮厚就一定能求得动人。关于面子问题，一定要从两个方面去看，一要学会活用面子，即，照顾到别人面子的同时，自己的脸皮该厚的时候不能太薄；二要讲究求人的技巧，不能一味靠脸皮说话，即使要厚着脸皮去求人，也要厚得有分寸，不可厚如城墙，厚得没有一点道理，你无所谓，人家未必能受得了你。

所以，该好意思的时候，一定要好意思，该不好意思的时候，也要学会掩饰与"装羞"。这要根据具体的事情来理性做出调整。

张小三是一位村长，平时为人谦和，说话有点腼腆，就是这么一个看上去有些"软弱无能"的人却是一位办事能手，深受村民的信任。

每年早春时节，各个村都要大车小车地排着队，到县农资局去拉化肥。人多车多，将农资局的大院挤得水泄不通。明明仓库大棚内的化肥堆积如山，可负责签字的科长硬是说货源不足，让一些村改日再来。

人们对这个"大权"在握的科长一点办法都没有，有些人见提不出货，

学会应酬，半生不愁

便只能拿着空单子打道回府。张小三捏着一张空单子，心里也很矛盾，不知该不该就此回去。因为自己与这位科长搭不上一点人情关系，再说就是搭上了，在这个时候人家未必会给你一个人开绿灯。同时，他又觉得就此回去，向乡亲们也交不了差，与其如此，还不如与这位科长软磨硬泡。

平时还算爱面子的张小三，这时突然变成了一个话匣子，他手里捏着空单子，一面与科长诉苦，抱怨差事难办，回去交不了差，要落下骂名，一面好话说尽，请求科长给签个字。

这样的场面见多了，科长听得有些不耐烦，便把他从办公室赶了出来，让他在外面等待。为了尽可能签到单子，张小三在门外不时敲几下玻璃，不是向科长递个笑脸，就是打几个手势，想方设法引起对方的注意。有时，门没有关严，他就透过门缝溜进去，然后又被赶了出来，站在外面的人不时在开他的玩笑，说这个人真能"穷折腾"。张小三顾不了这么多，只要能把事情办成，这些都不足挂齿。

一来二去，当着这么多人的面，科长也被弄得有些不好意思了，于是在他再次溜进来时，苦笑着说："我算服你了，你真行啊，求人办事真有一套，连根烟都不给抽，就逼着我给你办事，这回就照顾你一下吧。"

门外的人无不佩服张小三的厚脸皮功夫，都开他的玩笑说："你这个铁公鸡，只靠那片嘴就把事情办妥了，看来得向你学习啊。"

求人办事不仅要讲究方式方法，许多时候，活用面子也是非常重要的。有人说，做人不能太脸皮薄，"脸皮薄，吃不着。"言之有理，虽然脸皮厚的人遭人讨厌，但是，该厚的时候能够厚起来，能够把事情办妥，也不失为一种求人之道。怕就怕死要面子活受罪，人也求了，事情没办成，面子也丢了。这种人最亏，亏就亏在"不好意思"上。

▶▶应酬心经

在职场，性格耿直，不会弯曲做人的人始终难当大任，或者有能力也不

★第6章★　求门路找帮衬，义利并举礼为先

易被提拔；太过独立的人，以及碍于面子不愿意与人发生经济往来、人情往来的人很少能够赢得良好的人脉。

吃透对方心意，让他无法拒绝你

王女士是一家公司的业务经理，经过多年的职场打拼，她越来越觉得：应酬与业务的关联不可小觑！以前，她总是习惯一本正经地与客户谈生意，现在，她的生意大多是在喝茶、打高尔夫球、户外旅行时谈成的。

为此，她专门学了一回茶道，还对各种运动与娱乐活动进行过细致的研究，用她的话说就是："现在的老板们兴趣广泛，也非常会玩，所以，只有能与大家玩到一块儿，谈起生意来才更容易。"

有一次，一位老板萌发了打网球之念，苦于没有好教练。已经打了三年网球的王女士，当场就给他推荐了一位。不仅如此，有心的她还送了对方一只网球拍，有空还陪他一起去练习网球，切磋技艺。如今，这位老板的业务，多半交给王女士来做了。

"现在的行业相对规范，竞争就在服务上，而服务的根本，就是要让客户在情感上接受你，这样才会给你机会展示专业水平。"王女士说，应酬绝不是一项任务。

还有一次，遇到一位非常喜欢吃龙虾的客户，为此，王女士还专程陪他去吃了一趟，并亲手制作了一道水煮龙虾，让客户刮目相看，并且，她还把自己做龙虾的心得整理出来，在吃饭时一并交给了客户。

学会应酬，半生不愁

原来，陈女士不仅是一个会玩的人，更是一个有心人，她知道这位客户偶尔也会很有情调地亲自下厨，才做了这份功课。她说，一个会玩的并且有情趣的人，在应酬中会获得更多合作机会!

不论在什么应酬场合，谁都不会以绝对的坦诚与人交心，而往往会说一些场面话，做一些场面事，喜怒不形于色，心计暗藏于心。所以，与人应酬时不可以太单纯，但也不要太复杂，要在复杂的人情世故中变得通达、圆融，必要的时候，要学会玩点心理学。这样，才能在做关系做门路时，显得成熟、老练，张嘴就让他人无法拒绝你。

具体来说，该如何抓住对方的心理，从而有针对性地求人呢？

1. 先提大要求——小忙总该帮吧

在向别人提出自己真正要求之前，先向别人提出一个大要求，待别人拒绝之后，再提出自己较小的要求，这样，别人答应起来可能性也就大些。

比如我们在卖东西的时候，假如我们的进价是100块，而一口要价400块，最终我们可能会以200块成交。但是假如我们直接要价200块呢？我们就很难以200块的价格卖出去了。

我们想向一个朋友借钱，如果想要借1万块，我们不妨狮子大开口，先对他说，需要借10万块钱。大多数情况他会面露难色，借口自己这段时间也不方便、不宽裕，一时拿不出这么多来，那我们就可以说："哪怕1万块也好呀。"

此时，从10万块下降到1万块，相比之下，对方就不觉得这笔钱很多，在拒绝了对方第一次要求后，很可能会借出1万块，以平衡之前的内疚感。

这也是一种较常用的求人方法，通过对前后两次要求的对比，向被求者传达这样一层意思：大忙帮不了，小忙总是可以的吧？从而间接地达成求人的目的。

★第6章★ 求门路找帮衬，义利并举礼为先

2.激发同情心——心软了好办事

每个人内心，都有其柔软的地方，再强势的人，他也有同情心。在求人时，如果能够调动对方的同情心，直击其心灵最薄弱的环节，那么再难解决的问题也会迎刃而解。

女性在这一招的运用上占有得天独厚的优势。当她失职，遭到批评时，哭泣就是最好的武器，你无法同一个悲伤、哭泣的人较量，尤其是当对方还是一个女人。想想你自己在这方面的经历，当你批评一个女人犯了错误，或者无法答应她的要求，你立场坚定，理由充足，所有的有利因素都在你这边，突然间，她的眼眶涌出了泪水，一颗颗泪珠从她的脸颊向下滑落。你会有什么反应？你绝不会想：我要制伏她，将她逼进死胡同。大多数时候你会选择退却："算了，算了，别哭了，我答应你就是了。"

不可否认，女性在博得他人同情方面有一定的优势。作为男士，在激发对方的同情心时，一定要善于演戏，善于装可怜。有时，对方死活不帮你办事，你就表现出一副可怜兮兮的样子，对方心一软，看着你心里很纠结，说不定会来上那么一句："下不为例，就这一回了。"如果你不使用这招，事情办起来很可能要困难许多，尤其是当你比对方表现得还牛气，那使对方激发出来的就不是同情心，而是反感与厌恶。这时，就是对方想帮你办事，也会出于看不顺的心理，而把你拒之门外。

3.送一个"鸟笼"——让其乖乖就犯

在日常生活中，我们在拥有了一件新的物品后，总是倾向于不断地配置与之相适应的物品，以期达到心理上的平衡。这就叫做鸟笼配套效应。

著名的心理学家詹姆斯和好友物理学家卡尔森从哈佛大学同时退休，在家过着悠闲的田园生活。

一天，两人打赌。詹姆斯说："我一定会让你不久就养上一只鸟的。"卡尔森不以为然，倔强地说："我才不信，因为我从来就没有想过要养一只鸟。"

过了几天，卡尔森生日那天，詹姆斯送上了他的祝贺礼物——一只精致

的鸟笼。

卡尔森一眼就看穿了詹姆斯的企图，轻笑着说："我就只当它是一件漂亮的工艺品，你别费劲了。"

从此以后，只要有客人来访，看见那只空荡荡的美丽鸟笼，几乎都会问："教授，你养的鸟怎么死了？"

卡尔森只好一次又一次地解释说："我从来就没有养过鸟。"

然而，这种回答每次换来的都是客人困惑不解。无奈之下，卡尔森教授只好买了一只鸟。

虽然主人并不觉得空空的鸟笼有什么不妥，但是，来访的客人总会惊讶地问这个空鸟笼是怎么一回事，奇怪地看它和它的主人。时间长了，这个主人便忍受不了解释的麻烦，和别人奇异的目光，所以，干脆也养了一只鸟。

应酬中，我们大可以用鸟笼配套效应，给他一只"鸟笼"，来迫使他人做我们希望他做的事情。

这样的招数还很多，重点是要学会活学活用，在应酬时可以随机应变，也可以多计并用，只要抓住了对方的心理，对方也就会乖乖就范了。

在求人时，求人者与被求者双方的心理是很微妙的，有时，明明对方可以帮得上忙，但还是表现得相当谨慎，甚至会非常委婉地表示拒绝；有时明明帮不上一点忙，也会表示出积极的态度，显得很热情。为什么会出现这样的局面？原因在于你的求人方式！对方会根据你说出的话，做出的承诺，来判断自己该不该出手，以及出手的力度。

所以，要多从被求者的心理出发，尽可能博得他的任何、同情与支持，如果能实现这一点，那事情就便成了一半。

▷▷**应酬心经**

求人时，不但面子"工程"要到位，而且心理攻势更要做到家，任何时候，只有对方从心理上愿意接受你，愿意帮助你，那你求人才算求到了点子上。

第7章　应酬饭关系酒，吃好喝好勿求饱

　　小到润胃、润心，大到疏通关系、成人成事，酒都是人生中必须打好的一张王牌。正所谓，无酒不成礼；无酒不成欢；无酒不成典；无酒不抒情；无酒不成宴；无酒不励志；无酒不壮行；无酒不成敬意……无论是刚刚相识，还是多年的合作伙伴；无论是天南地北，还是同籍同乡；无论是达官显富，还是农友工商；只有精通饭局、酒局的人，才能成为关系场上的达人，才能名利双收，吃出面子，喝出人情。

学会应酬，半生不愁

你算饭局中的哪类人

一个周五的晚上，几个好朋友为了给陆刚庆祝生日，特意拉着他到理发店烫了个时髦的"鸡窝头"，然后又拉着他去一家知名的摇滚酒吧吃喝玩乐，直到凌晨4点，这帮朋友才各自回家睡觉。

早上8点的时候，电话响了，一接，是公司李经理的电话，因为李经理今天有一个饭局要参加，如果饭桌上谈得好的话，还有可能签一份合同。平时，陆刚酒量不错，对各类饭局也应对自如，所以，这次李经理希望带着陆刚入局。饭局时间安排在上午9点。从陆刚家到饭店那里至少有半个小时的路程，要是堵车的话很可能会迟到。陆刚不敢怠慢，赶紧起床，拿起一套西装穿上就出了门。

果然，陆刚在去的路上遇上了堵车，还好他在最后几分钟顺利赶到了饭店。一见到陆刚，客户的脸上闪过一丝耐人寻味的神色，陆刚坐下后，客户就去了隔壁房间。过了一会儿，客户对李经理说："我看今天这个合同就暂时别签了，咱们以后再约时间，好吧！就先这样吧，麻烦你们跑了一趟！"

陆刚觉得莫名其妙，却又不便深问，只见李经理一脸的严肃，连看陆刚都没有好脸色。事后，李经理痛批了陆刚一顿："还问为什么？看你把自己弄成什么样了！顶着一个'鸡窝头'就来入局，你让客户怎么看我们？平时看你是一个挺聪明的人，怎么关键时刻给我来这么一手？！"

★第7章★ 应酬饭关系酒，吃好喝好勿求饱

陆刚这才知道，这桩生意没有谈成，问题全出在自己的"鸡窝头"上。原来，客户见到陆刚后，还以为他是个小混混，与这样的客户谈生意，自然心里不踏实，所以选择取消这次商务会谈。

应酬，是一个听得让人起耳茧的词，可以说，没有应酬，就没有朋友，没有关系，甚至会没有工作。应酬不但是一门真本事，也是一门大学问。真正的应酬高手，会说更会吃，他们善于与人在饭桌上"交心"，也善于把吃喝变成一种愉快的交往过程。而不像许多人一样，一听到应酬就感到头痛。

"吃"是人类最大的"公约数"。有的人爱看戏，有的人爱听歌，有的爱旅游，有的爱运动，真可谓众口难调，但"吃"却是所有人的爱好！人们之间，唯独在这一点上没有任何差异，并且从来不会因为日复一日的重复而倍感无聊。

于是，在应酬时点缀上一些吃喝，便会让应酬变得更有趣，更有内容，如此，应酬饭局便成为一种时尚。正因为有了饭局做场子，所以，应酬也会变得轻松、高效，不论哪一方，都会乐在其中，皆大欢喜。

当然，在你开吃之前，最需要找准自己的定位。不论是别人请你，还是你请别人，饭局不同，应酬的对象不同，自己的定位也要不同，如此，饭便有了不同的吃法，酒便有了不同的喝法。所以说，把握好自己在应酬饭局中的位置至关重要。

一个人在饭局中究竟扮演哪一类角色，直接决定了他在饭桌上该如何表现。一般来说，应酬饭局中通常有以下几种角色，你要学会根据情况灵活把握。

1.设局者

如果有一天，你突然接到一个电话，对方直白地说："我请你吃饭"，这时，千万不要以为打电话的就是设局之人。他很可能是受人之托，出来邀约你，而真正设局的人很可能是幕后的其他人。

了解到这一点，你才能知道对方为什么要请你吃饭。如果不知道这一点，糊里糊涂地赴局，这顿饭可能会吃出问题来。

一次，一位老同学给小曾打电话，说："这个周末过来吃饭吧，顺便大家聚一聚。"一听是老同学的热情邀约，小曾二话没话，就爽快地答应了："好，好，一定，一定。"周末那天，小曾按时到了约定的地点，一家新开业的餐厅。在场的人中，除了自己的老同学，自己一个人都不认识，他有些不解，问老同学："这是什么聚会呀？"老同学笑着说："呵呵，是我一位朋友的饭店今天要开业，为了热闹，所以也请你来捧个场，大家顺便也相互认识一下。"小曾嘴里答应得痛快，心里却叫苦不迭：这种饭可是高价饭，岂有白吃之理？好在自己随身带了一些钱，要不可就丢大人了。

从这个故事中不难看出，真正设局的人，其实是饭店的老板，也就是小曾老同学的朋友。小曾受邀后，由于忽略了饭局的真正设局者，以为老同学要搞同学聚会，所以，很有兴致地前往，结果却赶了一个开业饭局。

2. 局托儿

邀约饭局之人，往往就是局托儿。饭局无托儿，气氛往往难以活跃。因此，选局托儿是设局之人在确定局主之后最为关键的环节。

在上面的那个故事中，很明显，小曾的老同学就是典型的局托儿。局托儿一般在饭局中扮演着重要的角色，具体来说主要有以下三点：

首先，局托儿要与局主和设局的人均比较熟悉，否则难以"托"起整个饭局。

其次，局托儿的身份一般情况下不能高于局主，否则会喧宾夺主。

再次，局托儿的身份又要与整个饭局的内容基本匹配，要不然，在座者相互之间难有共同的话题，这势必影响到整个饭局良好的氛围。

除此之外，好的局托儿还应表现出以下特点：酒量可观，能够应付整个饭局的考验；口才不错，什么话题均能说上一二；善于烘托气氛，不致场面清冷。

★第7章★　应酬饭关系酒，吃好喝好勿求饱

由此可见，在饭局上叫得最响的人，往往不一定是设局之人，而很可能是局托儿。真所谓，设局容易，局托儿难得。有一个好的局托儿，饭局即便没开，设局人的目的也能够率先达到。

3. 局主

一般情况下，局主比较好辨认：坐在"主席台"的便是。精明之人在点菜时，就能判断出谁是局主：每每被询问某菜是否合适的人，往往就是此局的重点招待对象；甚至点菜人会说，他喜欢什么口味、什么菜，一定要点上，那个"他"便是明确无误的局主。

如果你在某些饭局中被如此重点"照顾"，那恭喜你，你很可能就是饭局的局主。在饭局中，局主的调度如同命令，他能为设局的人处理某些事情，因此在饭局中自然拥有了独特的地位。

当然，如果局主因为饭局而变得难堪，那基本上可以说这是一场鸿门宴。心有余而力不足，或被赶鸭子上架类的局主也经常会出现在饭局中，这也是饭局的复杂所在。

4. 局精

从饭局的普遍性上来看，局精经常出没于各类不同性质和内容的饭局之中，其身份无非是"局托儿的托儿"，他们受局托儿邀请，听局托儿调遣。其频繁流转各类饭局，所谓久练成精，局精因此得名。

每场饭局中，局精的数量视人数多少而定。局精太少，局托儿就会太累；局精过多，则会显得过于喧闹，让饭局偏离主题。优秀的局精，总能恰到好处地把握设局之人和局托儿的节奏，在饭局出现的空当处起到"填空"的作用，让饭局显得充实而饱满。

5. 局奴

不用说，在饭局最辛苦的人莫过于局奴。无论任何饭局，局奴总是喝酒陪客的主要角色。无论是局主，还是设局的人、局托儿、局精，都有可能对局奴发号施令。某些时候，局奴可能会在饭局终了之前提前消失，此时，他

一定是在服务台前为设局之人买单。

如，一些公司业务经理与客户在饭桌上谈生意的时候，身边经常会带上一些助手，说是助手，其实就是"酒桶"，自己一旦喝不了酒，就会让这些"酒桶"出面，陪客户喝个够。这些"酒桶"其实就是局奴。

上面提到的另一种局奴，即是买单的局奴，这类局奴也很可怜。他们可能是设局的人，也可能是求人的人，总之，在饭桌上没有发言权，但是买单的权力却是最大的。如，张三要宴请同事办事，但是同事搞不定，还得请他的朋友出面，如此，张三便要设局，宴请他的同事，以及同事的朋友。在这个饭局中，张自然是局奴了。

6.饭局新人

顾名思义，饭局新人就是刚出入饭局不久的新人。在饭局中，他们不如局托儿老练，没有局精的圆滑，同样也没有局奴那样的辛苦。与局精相同的一点是，他们进入饭局往往是受局托儿所约，因为他具备成长为局精，乃至局托儿的潜质。

饭局新人会经常出一些状况，比如言行失态、喧宾夺主，甚至无意搅局，没办法，这是成长的烦恼和代价。

一个饭局当中，除了以上6类人之外，其他的人就显得无足轻重了。如果你不是这6类人中的任何一类，那么，你便要认真思考一下这个问题了：我为什么要来吃饭？

一般来说，不外乎以下几种原因：

为了利益"攒"饭局：这部分人大都是为了个人的，或是自己所属群体的利益而有事相求于他人，在交换过程中他们以饭局交换情谊和利益。

为了感情"拉"饭局：这类人参与的饭局大都是感情联络式，其中不乏一些单纯诉说情感式的交流，如同学聚会等，但更多的人通过某些感情的联络而发现更多的人脉资源，为了今后的利益提前储备足够的社会资本。

出于无奈"陪"饭局：这类人受饭局所累，其中有人是单位负责接待

★第7章★ 应酬饭关系酒，吃好喝好勿求饱

的员工，每日的工作就是接待和迎来送往，有谈生意的，有检查的，有督导的，反正全部是需要高接远迎的。他们为了个人的职位，为了企业的发展，不得不处处陪饭局。

为了信息"找"饭局：这类人在社会生活中多少有些信息焦虑倾向，一旦失去和他人沟通的机会便感觉受到冷落，一旦失去很多信息就感到被排斥，所以他们会积极参与各种饭局。

可见，应酬饭局不简单，应酬饭局运用得好，它会成为你行走于社会的公关秘籍和通行证，运用得不好，会让你的"情势"与"处境"变得复杂、被动。所以说，在社会交往过程中，饭局从来就不是简单的解决温饱的进餐活动，其中掩盖了各种各样的目的和功能，尤其对于职场人士来说，吃饭本身就意味着一种工作。

▷▷**应酬心经**

你在饭局中扮演什么样的角色，就要表现出什么样的素质和修养，这样才能体面地入局，才能赢得他人的好感，才能完成一次成功的应酬。

远离饭局，小心成为边缘人

论人品，小曾有口皆碑，没有一点坏名声，论文凭，金融专业硕士毕业，工作能力没得说，但是到新公司一个多月了，他还是感觉自己融入不到同事当中，与大家多少还是会有些隔阂。

学会应酬，半生不愁

小曾很想改变自己目前的境状，也想与同事打成一片，但是，到了需要出去与同事应酬的时候，却经常打退堂鼓。一次，一位同事买彩票中了几千块，说是要请大家出去吃喝一顿，人家也很热情地邀请了小曾，小曾礼貌地拒绝了，说是手头还有一些工作要做，等下次有机会一定去。结果，大家都嬉笑着去外面吃喝，小曾却一如既往地扑在工作上。

还有一次，有位同事结婚，大家都凑份子钱随礼，并准时出席了对方的婚礼。小曾觉得自己是新来的，这次就不用随礼了，反正人也不去。结果，他又错过了与同事应酬的机会。几次下来，他便给人们留下了"不合群"的印象，等到下次大家有什么饭局时，也都会有意无意忽略他的存在。这让小曾很苦恼，他不希望同事误解自己，但是自己又不知道该如何融入到同事中间。

人与人之间联系的纽带有很多，而如果想使关系更"铁"，圈子更紧密，饭局是最普遍，也最有效的纽带。以下的圈子饭局，你或多或少会参加过一些。如，结婚饭局、升学饭局、过节饭局、跳舞饭局、聚会饭局、打球饭局、开业饭局等。一个人经常出入于何类饭局，几乎便可以洞悉其兴趣、爱好、财富、身份、地位。

人们常说，交易是让人鄙视的，而交情却一向让人推崇。同样是拉关系、找圈子，如果能够在推杯换盏、气氛融洽的饭局与酒桌上谈交情，就突出了朋友的情分，淡化了交易的实质，无论哪一方都很容易接受。所以，饭局也是一种关系融合之道——人们互通信息，互相依存，通过饭局形成一个又一个形形色色的圈子，这些圈子将在你最需要的时候发挥巨大的作用。

当然，生活中的每一个人都想出人头地，如果整天和一些狐朋狗友混在一起，只懂得吃喝玩乐，绝对学不到一点儿对自己的成长有利的东西，更不可能通过这些朋友的帮助来改变自己的命运。所以，有些饭局是必须要参加的，有些则视情况而定，有些则不必参加。对于一些"必需"要参加的饭局，如果不参加的话，会给自己带来哪些"麻烦"呢？

★第7章★　应酬饭关系酒，吃好喝好勿求饱

1.成为边缘角色

有些圈子饭局，虽然对你来说没有什么价值，但也不能因为结交不到有价值的人，而随意选择放弃，这样做的后果很可能导致自己被边缘化。

萌萌性格十分内向，不善与人交谈，刚进公司那两年很排斥同事聚会。后来她发现，每当有同事带头举行一些聚会时，往往会把她晾在一边，让她显得更孤单。虽然她卖力地工作，业绩也很突出，到了年终评优，却是榜上无名，因为大家都不会给她投票。如此一来，她的默默无闻，也让领导对她有种陌生感，有好事时经常想不起她，出了问题，倒是会能考虑到她。

后来，有位职场高人对她指点一二，让她开始明白，干好干不好工作，处好处不好与同事的关系，职场圈子很重要。像萌萌这样，拒绝职场饭局，自然就是疏离圈子，疏离圈子，自然就会成为孤家寡人。这样不合群的人，在领导看来也是不受欢迎的。

所以，不要小看圈子，圈子就是隐权力。如果大家都知道你不属于任何一个圈子还好，就怕张三认为你在李四的圈子，李四怀疑你在张三的圈子，让身在圈外的你成了是非不断的圈内人。所以，该吃的饭还得吃，这样你才能避免成为边缘人。

2.成为话题人物

该参加的圈子饭局，唯独你不参加，一次，两次还说得过去，时间久了，你就可能会成为人们眼中的"异类"，成为被非议的对象。许多时候，一些流言蜚语，正是在这种情况下诞生的。

王刚性情温和，待人热情，在单位里公认的老好人，从来不得罪人，也从不会说人的坏话，但就是这么一个人，还是会成为单位里的话题人物。原因很简单，他不善饮酒，也不善应酬，每逢单位里人的举行一些饭局，他总是借故推脱，或有意无意地在饭局中迟到早退，几次下来，他开始逐渐在一些饭局中淡出。

在以后的饭局中，大家有事没事就会把王刚挂在嘴边，有人说，那家伙

就是一个"气管炎",也有人说,王刚情商有问题……总之,饭局中总少不了他的笑谈,久而久之,在饭桌下,王刚也成了话题人物。

因为疏远职场饭局,王刚成为饭局上人们谈笑风生的中心。人都是有缺点的,这并不可怕,怕就怕缺点被放大,被贴在身上成为经久不衰的标签。

3.成为八卦对象

不论做什么事,一定要同他人步调一致,饭局也是如此,如果圈中人都这么做,你非要特立独行,那就不要怨人八卦了。

人事科长与顶头上司关系有点不合,一次,顶头上司做东请单位里人的去吃饭,说是吃饭,无非是与大家交流交流感情,谈谈来年展望。所有的人都去了,只有人事科长与刘小姐没有去。人事科长没有来,是意料之中的事,但王小姐无故没来,却让人出乎意料。

虽然事情刚过去没几天,就从单位里传出风声,说是刘小姐与人事科长有一腿,关系不一般。这让刘小姐哭笑不得,但也没有什么好解释的,自己会担心越抹越黑。在以后的日子里,不论单位里举行什么活动,参加什么饭局,刘小姐都一概参加。

虽然大家认可商场、职场中圈子饭局的重要性,知道不参加危害多多,但当你不喜欢参加一些圈子饭局,或者为此大伤脑筋,那该怎么办呢?

如,你可能会说:

"我一不爱喝酒,二五音不全,每次同事聚会都要喝酒唱歌,自己坐在一边觉得特无聊。"

"其实,我更愿意将工作和生活分开,工作时间努力工作,下了班就安排自己的生活,基本上不与工作发生交集。无聊的饭局一定要参加吗?"

"工作是工作,生活是生活,同事未必都投缘,这种工作之外的聚会,为什么不可以凭喜好参加呢?"

是否要赴饭局确实让很多人困扰。有些人不善此道,不喜欢这种风气,或者另有安排,所以对职场饭局有抵触,但是别人往往不这么看。那么,应

★第7章★ 应酬饭关系酒，吃好喝好勿求饱

该如何理性面对生活与工作中的各种饭局呢？

首先，要明确区分饭局的种类。对于一些不愿意参加且重要性较低的饭局完全可以推辞，对于一些很重要的饭局则要尽可能参加。如果确实需要参加的饭局，我们则需调整心态，坦然面对。

其次，建立自己的核心圈子。职场上有一个重要原则是，不要企图和所有人都成为交心朋友。与核心圈子的人的关系要通过多种方式来维护，包括饭局和其他方式。对于其他人，则可以减少相关聚会。

再次，要合理安排自己的时间。如果你的时间确实不够，例如有小宝宝需要照顾，最好提前和核心圈子的人打好招呼，取得他们的理解。

最后，你可以主动出击与同事搞好关系。比如工作中的主动帮忙、赠送小礼物等。

毕竟，饭局里也有许多猫腻，不只是一顿饭而已。该参加的饭局最好要参加，不该参加的饭局，也要照顾到其他人的心理与情感，只有学会圆融地对待各种饭局，才不会成为边缘人。

▷▷应酬心经

在参加一些饭局时，要学会寻找圈子中有价值的人脉关系，如果你结交到了一个有价值的人，那么就等于结交到了一个新的圈子。

学会应酬，半生不愁

一定要喝好开头两杯酒

周末，小李约王经理出来吃饭，理由很简单：某饭店刚开业，自己弄了两张优惠券，一块儿去尝尝鲜。王经理爽快地答应了，小李和一位朋友提前来到约好的饭店，并点了菜与酒，只等王经理到来。王经理一到，小李便招呼服务员上酒上菜。

其实，这次约王经理出来，是想让王经理帮自己的一个朋友安排点活干，但他之前一直没有谈起过这件事。所以，王经理赴约也就没有什么准备。到饭店后，见小李边上多了一位陌生人，不等他问，小李介绍说："这是我的一位朋友，小赵……"

大家一边聊，小李一边帮着王经理倒满酒杯，见时机差不多了，小李举杯对王经理说："难得和王经理一块儿吃一顿饭，今天有的是时间，咱们好好喝一顿，来，我先敬王经理一杯，我就干了，您就随便。"王经理虽然嘴上客套着："最近身体不舒服，酒量不行了。"但还是爽快地干了一杯。接着，大家天南海北地聊了起来，边聊边吃，并不时地碰几杯，气氛还算不错。小李的朋友也实时地加入到他们所聊的话题，见王经理人非常爽快，酒兴正浓，他也开始举杯敬王经理，并夸王经理"年轻能干"，"一看就不一般"，王经理嘴上客气着："过奖，过奖，都是给人打工的。"脸上却洋溢着得意的笑容。

★第7章★ 应酬饭关系酒，吃好喝好勿求饱

很快，王经理就与小李的朋友聊热了，并问他是做什么工作的，有什么打算，趁此机会，小李把话题接过来，夸他的朋友诚实、踏实，是个很有责任感的人。王经理一边点头，一边倾听，听过之后，叹了口气说："可惜我手下正缺这么一个人。"小李便半开玩笑地对朋友说："王经理可是认真的，呵呵，要不要到王经理那试试？"

朋友客气地说："若能在王经理手下做事的话，求之不得呀。"一来二去，王经理也开始正式表态了："如果你有兴趣的话，周一可以到公司找我，咱们到时再详谈。"

见王经理把话说到这份上，小李开始出面说："今天只管吃菜喝酒，不谈公事，来，我再敬你一杯。"

事后，王经理对这顿饭很满意，直夸小李酒桌上的功夫长进不少。

中国是礼仪之邦，就是饮酒也有不少礼仪规范。了解并熟练掌握这些规则和习俗，不仅能使你在酒桌上顺风顺水、挥洒自如，更能显出你良好的修养和出色的交际能力。

在酒桌上，开始的两杯酒至关重要，只要开局喝的好，那么便会为整个酒局助兴不少，接下来，局便会入得更快，话也会变得好说，事也变得好办。

1.第一杯酒应该礼貌有加

好的开端是成功的一半。有一个良好的开端，事情的成功就有了基础。因此，第一杯酒十分重要。宴会上的第一杯酒好比一场表演的开场，能否吸引住观众，对后面的影响很大。第一杯酒往往能为整场宴会定下基调，开头顺畅，下面接着也就顺畅了；开头不顺畅，后面的气氛就不大容易调动。

在正式场合，一般由主人举杯，在家宴上一般由晚辈向长辈敬酒，亲友间的欢宴由年长者先行举杯，或由召集者先行举杯。

第一杯酒，一定要饱含祝福，为的是后面的"杯莫停"。这一杯是后面

的基础，即使不想拼酒，也要努力为后面的欢愉场面打下基础。因此，第一杯酒，要区别不同情况，以礼待之。

如果是在庄重的外事场合，第一杯酒不但要礼貌有加，而且必须注意来客的身份及风俗习惯。祝酒既要体现应有的热情，又要不卑不亢，绝不能强人所难，自己喝多少就一定要对方陪饮多少，这样不但不能达到热情接待的目的，而且还会造成负面影响。具体来说就是，要饮酒有度，热情适度，把握尺度，展现风度。

如果是商务宴请，第一杯酒就关系到后来宴会发展的风格。那么，这杯酒既要自己不醉，还要让客人尽兴。要有大家风范，不论会谈气氛怎样不愉快，都要尽地主之谊，为宴会后的谈判打下基础。因此，祝酒时既要热情有度，又不能与来宾拼酒，以免造成来宾的反感，影响之后的正式会谈。只有做到以礼敬酒，以情祝酒，以智行酒，方能达到自己的目的。

如果是家宴、喜宴、庆典宴，第一杯酒虽然不必考虑宴会上的商战斗智，但同样必须体现宴会的主题、主人的盛情以及对来宾光临的企盼与欢迎。如果是友人小酌，则大可不必拘泥于形式，越是实在、贴切，越能使人感到亲切，也越能让别人开怀畅饮。

千言万语融于酒，倾觞恭贺，千杯百盏尽看开头。假如第一杯酒能够充满感情、礼仪得体，那么后面的敬酒当然会顺畅得多。

2.第二杯酒应该盛满热情

一般的宴会，主人敬酒后由主宾举杯，作为礼仪性的回敬，然后宴会便进入敬酒阶段。由于第一杯酒已经把宴会的主题、宴会的目的、宴会对主宾的良好祝福等表达出来，这时再次互相举杯就要注重以情祝酒，杯盛热情，将热切感人的话语融入杯中献给来宾。

如果是商战场合，更要融入深情。合作会以谈情为先，酒品如人品，情通事就通。如果能通过自己的深情触动双方的情感，那么，一些争论和分歧也会得到缓和和化解。

★第7章★ 应酬饭关系酒，吃好喝好勿求饱

如果是朋友小酌，或家宴便宴，也需要借酒抒情。通过热情洋溢的敬辞，使大家融情，使大家抒怀。

如在一次婚宴上，一位友人站起来向新人"以情祝酒"："在这美好的日子里，我接到了你们的喜帖，于是喜气洋洋地赶来祝福。新郎的潇洒、新娘的美貌是今天最美丽的画面。如今正值秋季丰收的季节，预祝你们的生活和事业像秋天一样硕果累累。"

美酒在心底交汇，啜饮生活的芳菲，溶进心田绽开友谊的花朵，加上美好的祝酒词，不仅能烘托气氛、温暖人心，而且还能使人深受鼓舞和启发。当所有宴会参加者纷纷举杯，开怀畅饮，宴会也达到了高潮。

▷▷应酬心经

想要频频举杯与客人畅饮，必须要先制造、渲染一种热烈的气氛，气氛好，礼数到，酒不醉人人自醉，开局气氛不对，再好喝的酒也难以下肚。

敬酒要讲究一定的礼数

王杰和李晓轩夫妻俩都是某学校的老师，前段时间教导主任退休了，按资格来说王杰是最有希望晋升这个职位的，而且王杰还连续五年当选为校级模范教师。可是，一个多月过去了，校长那边毫无表示。王杰暗示了几回，校长还是没有丝毫表示。无奈之下，夫妻俩决定请校长吃饭，顺便探听虚实，也好就势争取。

学会应酬，半生不愁

席间，校长一再顾左右而言他，就是不提选拔教导主任这件事。王杰性子急，问校长说："校长，李主任退休那么久了，教务处现在都是由副校长管着，副校长一人担两职实在是劳累，这不是长久之计啊！"校长笑了一笑，说："这个嘛，校领导一直在开会讨论，可咱们学校实在是人才济济啊，这个还得从长计议啊！""可是，这个按照资格来说……再说，这选谁还不是校长你说了算吗？"王杰很不满意校长的话，出口反驳。校长一听王杰说这话，立马变了脸色，正要开口。王杰的妻子李晓轩说："哎哟，真是的，你们男人怎么吃饭也离不开公事啊！今天咱们就是吃饭。不谈公事啊！赶紧吃菜，老王，傻愣着干吗，赶紧给校长满上。"王杰明白妻子的暗示，赶紧给校长倒满了酒，三人碰了杯。

接下来，王杰和校长就学校里的一些事情交换了意见，中间不免有看法不一之处，可是妻子李晓轩每次都能在关键时刻以敬酒为名，避免两人起争执。最后，校长表示这顿饭吃得很愉快，并感谢王杰夫妻俩的款待。

不管王杰最后是否能晋升教导主任，至少这次请校长吃饭的目的是达到了，在此愉快的氛围下，校长势必会对他们夫妻俩留有不错的印象，从而对王杰晋升一事也会多上份心。

有句话叫"敬酒不吃吃罚酒"，意思是给你面子，你不要的话，就不要怪别人不客气。在酒桌上，敬酒是必需的，没有敬酒就不成酒席。

经常参加酒局的朋友都懂得，敬酒要讲究一定的礼数，如果礼数不对，即使喝不倒，也会被"酒礼"扳倒。与不同的人喝酒，敬酒方式与礼数自然不同，在不同的酒局中，要学会从容应对不同的敬酒场面。

1.敬下级：不要说"敬"

上级向下级敬酒，一般情况下很少出现，但在一些特殊情况下，上级也应该向下级敬酒，如参加下级的婚宴，或是庆功宴等。除此之外，上级向下级敬酒，酒中往往会蕴含着多层含义。所以说，酒在职场中的运用，考验着上下

★第7章★ 应酬饭关系酒，吃好喝好勿求饱

级之间的智慧与应对能力。酒喝不好，"官"有可能就会被喝"跑"，酒喝得好，"官运"亨通。特别是高层领导之间，上级跟下级喝酒时，如不是好酒就会叫秘书代劳，当然，这也要看对象，如果上级和下级是至交也会亲自饮的。这时，如果下级领导的秘书看到领导向上级敬酒时，千万不要主动上去说"我替某某领导代敬、代饮之类的话"，一定要看领导的脸色、眼色。

另外一点需注意，领导跟下级喝酒时，一般不会说"敬"。有的领导会直接叫秘书替自己跟谁谁喝一杯，高级别的领导更不会向下级敬酒，否则会失身份。

当然，如果一个领导者能与一班下属们在酒桌上打成一片，也不失为是一种为官之道。"士为知己者死"，这份情感是用酒一点一滴"浇灌"出来的。

2.敬上级：主动积极

在工作中，我们经常会遇到陪领导检查、吃饭的情况，如果你不清楚这里面的一些"潜规则"，那可能会吃出问题。

尤其是与领导吃饭、喝酒，你的表现如何，很可能会影响你日后的发展空间，以及"官运"，所以在酒桌上，常常会看到一些有趣的现象：有些人滴酒不沾，但如果桌上有领导，硬着头皮也要向领导敬一个，领导喝不喝是他的事，至少，作为下级得有这个礼数。

所以，在酒桌上往往是上级劝下级喝酒容易，下级要想成功向上级劝酒，就得先"牺牲"自己。聪明的下属敬酒，首先得跟领导言明，自个干杯，领导随意。

3.敬异性：礼数要到

不论是男人敬女人，还是女人敬男人，在酒桌上都非常常见。与异性朋友喝酒，敬酒方式不能太随便。

首先，女人敬男人的话往往是出于这样一种情况：即女下属敬男上司，或者女同事敬男同事，要么就是女上司敬全体男下属。女人的敬酒，男人一

般躲不过，如果不喝会让自己很没面子，所以许多时候，女人一出手，再会拒酒的男人也会被"搞定"。在敬酒的时候，女人的说话策略很重要，同样的话，经女人之口说出来，就会让男人没有办法拒绝。如，她说："我给你倒杯酒，你要喝，不喝就是嫌我丑。"又如，她说："我是不会喝酒的，今天看到你高兴，我也喝酒了，你说我都喝酒了，你应该喝几杯啊？"这句话可大有学问，回答得不好，你就栽了，你只能准备多喝几杯了。再如，有谁不喝酒，她就会说："这点面子都不给，就喝一杯？你看大家都看着我们，我下不了台了！"谁能抵挡这种要求？保护女人是男人应该的责任！还有更绝的，如女士给领导敬酒时会说："激动的心，颤抖的手，我给领导敬杯酒，领导不喝嫌我丑。""心儿颤，手儿抖，我给领导端个酒，领导喝了俺高兴，领导不喝俺不走。"听到这些合辙押韵、朗朗上口的劝酒词，由不得你不喝。

其次，男人敬女人酒要分场合与情况，不可随便敬。如，在酒桌上与对方不认识，最好不要主动敬人酒。若是对方喝多了，也要适可而止，不可强求。如果大家是普通朋友关系，也可以适当向女性朋友敬一杯，但一定要先干了再说话，不要端着酒杯婆婆妈妈说个不停。如果你敬女性时，对方以饮料代替，你也不要太较真，否则，会让人说"一个大男人与女人斤斤计较，自罚三杯"。还有一点很重要，不要在酒桌上"得罪"女人，女人要么不喝，喝开了酒量都较大，并且她们往往是抱成团的，这一点很可怕。

4.敬长辈：恭敬为先

作为一个晚辈，在酒桌上，首先要坐对位置。最重要的客人坐在主人的右手，晚辈一定要坐在下手的位置。向长辈敬酒，酒杯一定要低于长辈的酒杯，也就是说你碰杯的时候要碰长辈杯子的下方；态度要恭敬，要双手捧杯；眼神很重要，要流露出对他的尊敬与崇拜。其实很多时候，言多必失，所以我们不用说太多的话。如需要展示自己，就要了解对方，说出对方的真正优势，表现出赞叹和崇拜。

★第7章★ 应酬饭关系酒，吃好喝好勿求饱

总之一句话，用你的肢体语言表达出你的敬意和尊敬即可。另外我们还要有眼力，要及时做好服务工作，甚至要做在服务员的前面。

5. 敬客人：意思要表

在商务合作上，酒是必不可少的社交工具。在向客人敬酒时，一定要注意以下几方面：

（1）要懂斟酒礼数。按照规范来说，除主人和服务人员外，其他宾客一般不要自行给别人斟酒。如果主人亲自斟酒，应该用本次宴会上最好的酒斟，宾客要端起酒杯致谢，必要的时候应该起身站立。

如果是大型的商务用餐，应该是服务人员来斟酒。斟酒一般要从位高者开始，然后顺时针斟。如果不需要酒了，则可以把手挡在酒杯上，说声"不用了，谢谢"就可以。这时候，斟酒者就没有必要一再要求斟酒。别人斟酒的时候，你可以回敬以"叩指礼"。特别是自己的身份比主人高的时候，即以右手拇指、食指、中指捏在一起，指尖向下，轻叩几下桌面表示对斟酒的感谢。那酒倒多少才合适呢？白酒和啤酒可以斟满，而其他洋酒就不压斟满了。

（2）了解敬酒时间。敬酒应该在特定的时间进行，并以不影响来宾用餐为首要考虑。敬酒分为正式敬酒和普通敬酒。正式的敬酒，是在宾主入席后、用餐前就可以敬。而普通敬酒，在正式敬酒之后就可以开始了。敬酒要在对方方便的时候进行，比如他当时没有和其他人敬酒，嘴里不在咀嚼。如果向同一个人敬酒，你应该等身份比自己高的人敬过之后再敬。

（3）掌握敬酒顺序。敬酒一般情况下应按年龄大小、职位高低、宾主身份为序。敬酒前一定要充分考虑好敬酒的顺序，分明主次，避免出现尴尬的情况。即使你分不清职位、身份，也要按统一的顺序敬酒，比如先从自己身边按顺时针方向开始敬酒，或是从左到右、从右到左依次进行敬酒等。

（4）举止要得当。正式敬酒时，主人要先向大家集体敬酒，并同时说标准的祝酒词。这种祝酒词内容可以稍长一点，但也要在5分钟之内讲完。无论是主人还是来宾，如果是在自己的座位上向集体敬酒，首先要站起身来，面

含微笑，手拿酒杯，面朝大家。

当主人向集体敬酒、说祝酒词的时候，所有人应该一律停止用餐或喝酒。主人提议干杯的时候，所有人都要端起酒杯站起来，互相碰一碰。按国际通行的做法，敬酒不一定要喝干，但即使平时滴酒不沾的人，也要拿起酒杯抿上一口装装样子，以示对主人的尊重。

除了主人可以向集体敬酒，来宾也可以向集体敬酒。来宾的祝酒词可以说得更简短，一两句话就可以。比如："各位，为了以后我们的合作愉快，干杯！"

平时更多涉及礼仪规范内容的还是普通敬酒。普通敬酒就是在主人正式敬酒之后，来宾和主人之间或者来宾之间的互相敬酒，同时说一两句简单的祝酒词或劝酒词。

别人向你敬酒的时候，你要手举酒杯到双眼高度，在对方说了祝酒词或"干杯"之后再喝。喝完后，还要手拿酒杯和对方对视一下，这一过程才结束。

有时，一些人在敬他人酒时，会端起即干。在他们看来，这种方式才能表达诚意、敬意。所以，当你酒量欠佳时，应该事先诚恳说明，不要看似豪爽地端着酒去敬对方，而对方一口干了，你却只是"意思意思"，这往往会引起对方的不快。如果你敬别人，对方酒量确实不行，也没有必要太过强求。

不管是谁敬的酒，也不管是敬谁的酒，喝多喝少并不重要，一定要讲究礼节到位，切不可以在敬酒过程中犯忌，以免失礼，或出洋相。以下4种敬酒方式是需要极力避免的。

禁忌1：没大没小地敬

敬酒时，你首先得讲究身份，多想想这酒是不是应该由你来敬酒？这一点要清楚。另外，也要考虑双方的辈分关系，讲究大小。你知道别人的深浅，同时也要明白自己吃了几碗干饭。但是有些人，他们就缺乏这点规矩，

★第7章★ 应酬饭关系酒，吃好喝好勿求饱

找不准自己在酒场的位置，该敬的他不敬，该让的他不让，不该说的他乱说，酒局中没大不小。这种人的作为，会严重地破坏酒场的和谐气氛，搅坏大家的心情，是最让人讨厌的行为。

禁忌2：没完没了地敬

有些人好像几辈子没有喝过酒似的，他们往往会借"敬酒"之名，喝上没完没了，一旦谁让他缠上，就很难脱身，自己喝不好，一定要让别人也干杯到底。到最后，不是他被人硬性地劝走，就是别人甩袖而去了。其实，他们本身并没有恶意，没完没了地闹酒，也是为了让大家尽兴，甚至还有为东道主捧场的心理，似乎不这样做，酒场便失去了意义，就达不到应有的效果。但是，分寸把握不当，会让在场的人感到不适。

禁忌3：没前没后地敬

什么都讲究秩序，在酒场上，如果没有了秩序，就会让人喝得一头雾水。通常，敬酒要讲究先后顺序，即，先敬谁，后敬谁，是有一定的秩序可遵循的。如果领导还没有敬完酒，你就要稍等一会儿；如果别人正在敬酒，你就不要横插一杠。干扰和破坏别人的酒场程序，会让当事人很尴尬，也很恼火。所以，敬酒顺序一定要摸清楚，不该你敬时，就要靠边站，该你敬时，也不要让别人抢了先。

禁忌4：没多没少地敬

多和少，指的是喝酒的量。也就是说，敬得差不多就行了，你敬别人酒的时候，心中就应该有这个思想准备，不能"逼人太甚"。但是有些人，明知人家喝不了或者喝不多，再喝就要醉了，他还千方百计挖空心思地劝酒，就为了看人家的笑话。甚至人家已经告饶了，并且表现出了明显的醉酒特征，他还不依不饶地敬个不停，一杯接一杯，杯杯倒满，非要让人家当场吞下。对于这种不知多少的人，人们都会避而远之。

酒桌文化有一定的讲究，如何敬酒要因人而异，因地区文化的差异亦有所不同，在喝酒过程中，我们要具体情况具体对待。

学会应酬，半生不愁

▷▷应酬心经

领导喊你去，你说不能喝，吃饭倒是喜欢。去了，反正一根筋，顽固到底，不和任何一个人喝，也不管那些酒桌上的礼仪，装着不懂场面上的事，如此，会让领导和客人都觉得无趣。

席间交谈应该把握住分寸

星期天，几个好友在一家餐厅订了一桌。开始，大家还吃得热火朝天，一团和气，渐渐地气氛发生变化。先是小刘开始在饭桌上显摆：自己找了一份好工作，娶了个好媳妇，小日子过得很惬意。接着小赵自夸说：自己的关系硬，门路广，要是谁有个难处可以找他解决。饭桌前，就数小李最没"前途"，在家待业不说，要关系没关系，要门路没门路，并且连个女朋友都没有，所以大家都谈得兴奋的时候，他自卑得连一句话都没有说。一旁的小张很同情小李，觉得他们说话太离谱，太不尊重人了，于是打抱不平，想替小李说几句话，他端着酒杯说："说这说那，都是浮云，要我看呐，人就像麦穗，越是饱满垂得越低，小李半天没说一句话，我就替他说一句话，小赵，你这么有本事，能不能为小李落实个工作？哪怕是看大门也行啊。小刘，你什么都有了，对好哥儿们可不可以不管不顾，帮小李介绍个对象的任务难不倒你吧？"

众人一听，都哈哈乐了，但这些话让小刘与小赵听得很不爽，他们知道

★第7章★ 应酬饭关系酒，吃好喝好勿求饱

小张是在暗讽自己，所以气不过，但又不好意思说什么，只好借酒消愁了。于是，都把矛头指向小张，举着瓶子，嘴上说着"哥儿们义气"，心里却想着往死里灌小张。这下小张可受不了了，别说两个人都灌自己，就是一个人灌自己，都会让自己吃不消。

以后，小张再也不敢在酒桌上乱说话了，生怕成了人们的"眼中钉"。

在宴会上，菜点和酒水看似非常重要，但实际上都是陪衬。宴会的核心在于谈话，通过谈话以促使各方面因素融为一体，结出友谊的硕果。因此，良好的餐桌礼仪，意味着既掌握吃喝技巧，又精于交谈，从而使宴会达到预期的效果。

无论是赴宴会，还是赴招待会，"吃饭当哑巴"这句俗话是不适用的。人们通常把联系工作、拉家常、谈古论今、结识新交看得比饭食本身更重要。这一点是我们和外国人士共通的。餐桌上你绝不可金口难开，枯坐一隅。美国礼仪之后蒲爱梅说："礼仪有一条不可破坏的规矩是你必须与席上你的邻席谈话。"所以，在饭局中不要一个人沉默寡言，这不符合进餐礼仪，如有必要最好事先准备些合适的话题。

1.席间话题

餐桌上的话题十分广泛，我们所做过的、知道的、观察到的、思考过的、怀疑过的那些无与伦比、令人吃惊、内涵丰富的事物都能成为诱人的谈资。我们时常见到有些人通过闲聊一些与新闻、时事、书籍、体育、电影、艺术、经济、政府计划或健康相关的话题而相互熟悉起来。另外，关于餐桌上的菜点的传说、典故、来历等，也是常见的话题。在话题的选择上应注意以下几点：

（1）一般来说，男女共处的社交场合，不宜展开下述四种话题：仆人、疾病、宗教和政治。

（2）严格禁止谈论性的问题，调节气氛的黄段子也尽量少说。

（3）宴会上谈话，忌讳涉及对某一不在场者的恶语中伤、妄加菲薄或传播流言蜚语的话题，而且不宜当着主人的面，对食品制作之精粗等妄加评论。

（4）如果一位客人对宴会或周围环境不加以愉快的赞赏，几乎会被视为失礼。所以在用餐时，我们不妨对周围的环境以及食物给予恰当的称赞，相信宾主都会感到非常愉快。

（5）在商务会餐中，虽然并非所有的话题都要涉及工作上的事，但是绝不应像同私人朋友在一起那样，可以随心所欲地东拉西扯。即使在会谈气氛十分友好时也是如此。当你要提出一个话题时，一定要考虑其他人的情况，譬如，不可当着独居的人大谈婚姻方面的事；也不要谈论有关国家或领导人方面的一些小道消息；在谈生意时，更应当注意你要谈些什么，一句无意的话可能要你付出昂贵的代价。

2.用餐席间交谈注意事项

说话要掌握时机，讲话内容要看交谈的对象，不要只顾一个人夸夸其谈，或谈些荒诞离奇的事而引人不悦，具体来说要注意以下一些问题：

（1）说话中，哈哈大笑、窃窃私语或者向离你很远的客人大声招呼，都是不允许的。另外，把病情或者关于某人的传闻作为餐桌上的话题也是不妥当的。

（2）举行工作餐时，讲究的是办事与吃饭两不耽误。所以，在为时不多的进餐期间，宾主双方有关实质性问题的交谈，通常开始得宜早不宜晚。依照商务礼仪的规定，待主宾用毕主菜之后，主人便可以暗示对方交谈可以开始了。此刻，主人说一声"大家谈一谈吧"，或道一句"向您请教一件事情"，皆可作为交谈的正式开始。在点菜后、上菜前，亦可开始正式交谈。

（3）参加任何宴会，无论是大型宴会还是小型宴会，正式宴会还是非正式宴会，每个人都应该而且要善于与同桌的人交谈，特别是与左右邻座。在宴会上一声不吭是不礼貌的。如果自己性格内向，确实不善言谈，也可事前稍做准备，选择一些话题，以便在餐饮交谈之际，见机插话。

★第7章★ 应酬饭关系酒，吃好喝好勿求饱

（4）餐桌上的交谈，主要应在自己左右两侧的邻座之间进行。因此，每桌席位应成偶数。在整个宴会上，只是一味同自己熟识的一两个人交谈，或者只是对一侧的邻座无休止交谈而背向另一位邻座，都是失礼的行为。

（5）笑闹有节制。用餐中少不了谈天说地，在高兴之余，切忌乱拍桌面，或以筷子敲击杯碗唱和起来，或是高声划起酒拳来。一定要记住，谈话宜小声，笑闹也需节制，因为餐厅是公共场合，别人的权益必须尊重，换个角度看，也是尊重自己。

▷▷应酬心经
在酒桌上，既不要做灌人的急先锋，更不要说一些破坏酒桌和谐与平衡的话，否则极易成为众矢之的，自讨没趣。

从"吃相"看谁值得信任

小李大学毕业后，进入一家商贸公司做市场营销工作。他做事很有头脑，办事也利落，赵经理觉得他很有培养前途。一次，赵经理带小李去参加一次商务会议，会后，组办方为与会人员举办了一次晚宴。每桌8个人，虽然大家都不认识，但是席间还是聊得甚欢。饭菜还没有上来，小李就一个劲儿地叫"饿"，赵经理假装没有听见，几次都把话题叉开了。等点心上来后，小李像饿虎扑食一样，上手就抓了一块，边吃边说："好吃，好吃。"赵经理觉得有些丢人，便向在座的人说："呵呵，他确实是饿坏了，饿了就慢慢

学会应酬，半生不愁

吃。"

不一会儿，菜也上来了，小李抓着一双筷子，挑着盘子夹，经常把一个盘子的菜掉一另一盘子里，并且把嘴塞得鼓鼓囊囊。更让赵经理受不了的是，他喜欢吃鱼，结果整条鱼被他一个人捅得稀巴烂，别人都不好意思下筷子，见众人不吃，他便说："呵呵，看来你们都不爱吃鱼，那我替你们消灭掉吧。"

喝汤的时候，小李更是"咕噜咕噜"作响，弄得整桌人很尴尬，赵经理的面子让他给丢光了，所以，只吃了几口，便起身对旁人说："你们慢慢用，我有点事，离开一会儿。"

赵经理走后，大家不言不语，都觉得眼前这个家伙太粗俗。让他搞得大家吃饭都没有兴致，有的人干脆假借到别桌敬酒而离开。

吃饱喝足后，小李不加控制地打着饱嗝，众人见他如此没教养，不再像饭前那样搭他的话题，这让小李觉得很尴尬。

其实，更尴尬的是赵经理，事后，他虽然没有直接指出小李的错误，但还是委婉地说："参加这次会议的人，可都是业内有头有脸的人，你要多学会与他们交往。"小李表示，这次与人们聊得不错，也很聊得来，希望有机会能够多参加这样的会议。

从那之后，赵经理再也没有带他参加过任何一次会议。

古时，鸿门宴上有这样一幕：樊哙把一块生猪肘子放在铁盾上拔剑而啖之。试想，那个吃相定会十分难看。同时代的韩信，幼时家贫如洗，少年行乞乡里，吃相估计不会比樊大将军优雅。可是这个用兵如神的叫花子，被封为齐王后，居然也瞧不起齿黑须黄的屠狗辈了，甚至忿忿然说了一句："羞与哙等伍！"

可见，吃相难看，着实会令人避而远之。谁都有一副吃相，好不好看，只有吃了才知道。中国人非常注重吃相，不雅观的吃相不但会让人联想到他

★第7章★ 应酬饭关系酒，吃好喝好勿求饱

不良的品行，也是一种失礼的行为。如，家里来了重要客人，即使饭菜再可口，也不可狼吞虎咽，那会让客人很难为情。身处饭局，吃相更是一张活名片，吃相难看，着实是一件很失体格与面子的事。所以，在饭局中不但要讲究吃相，还要学会通过吃相来识破人心。

饭局中常见如下几种吃相，从不同的吃相大体可以看出一个人的品性，如果你眼力足够好，还会从中获得更多的信息。

1.来者不拒型

这类人对食物不选择，一般个性随和，不拘小节，生命力旺盛，多才多艺，可以同时应付多种工作。

2.吃完一种再吃另一种者

这种习惯显示这类人极富心机，他们对每一件事都极为专注，不会忽略某人和某事的细枝末节。

3.把食物分成小块进食者

这类人小心而谨慎，做任何事都很细致，但有时难免流于保守和顽固，善处守势，不习惯采取攻势。

4.仔细咀嚼型

这类人进食速度缓慢，习惯细细咀嚼品尝，所以办事态度周详、严谨，无把握的事绝不做，爱挑剔，对人有时过于冷酷。

5.浅尝即止型

这类人食量小，个性保守，行为谨慎，墨守成规，稳健有余而闯劲不足，一般是守业者而非创业者。

6.独食独享型

这类人总爱单独进食，不愿与人分享，性格多半坚毅沉稳，责任心强，言行一致，信守诺言，工作令人满意，但性格冷僻。

7.饮食过量型

这类人进食不知节制，爱吃的食物非饱不休，性格直爽，喜怒溢于言

表,从不掩饰自己的感情,且不善于认真的思考问题。

8.风卷残云型

这类人进食速度相当快,狼吞虎咽,所以个性豪放,精力旺盛,办事果断,待人真诚,具有强烈的竞争心和进取精神。

9.狼吞虎咽型

这样的人一般很注重结果,而不在意过程。

中国人有句古话叫做"男人吃饭如虎,女人吃饭如鼠"。意思是说,男人吃饭很快,而女人吃饭很慢。吃饭快的人常常只关心吃饱了没有,而饭菜的味道,往往被他们所忽视。一般来说,吃饭很快的人,做事也很快,与当今世界潮流正好合拍。这样的习惯可能让请客的主人有些措手不及,还没来得及把菜上完,他们就已经吃完了。但主人这些不愉快,常常会被他们的干净利落所冲淡。因此他们常常给人留下精明能干、生气勃勃的好印象。

吃饭很快的男人往往认为,人吃饭与汽车加油一样,为什么要慢慢腾腾的呢?汽车在加油过程中没有必要变换花样,人吃饭为什么要变换花样呢?

这种人在上司那里往往比较吃得开,这是因为很多上司都是比较看重结果而不太看重过程。其实,只要能够达到目的,过程越简单越好。

10.细嚼慢咽型

有的女性吃饭特别慢,面对丰富或者简单的饭菜,这样的女性往往会不动声色,细细打量桌子上的食物,慢慢地准备餐具,或静静地坐着,有时先给自己准备一杯饮料。经过这样一番准备工作,她们才开始吃饭。她们吃的是那样的仔细,就像在专心地欣赏着艺术品。对这样的女性而言,吃东西是很次要的,她们更享受吃的过程。

这样的女性比较善解人意,能够很准确地洞察对方的内心世界。一般来说,女性的第六感官高于男性,而这种女性的第六感官又是女性中的佼佼者。

吃相各有千秋,通过第六感官,看一个人吃相基本可以判定对方大体是一个什么样的人。当然,有时情况不同,吃相也会不同,但总的来说,吃相

★第7章★ 应酬饭关系酒，吃好喝好勿求饱

的的确确可以透露出一个人许多个性方面的信息。

如果你感兴趣的话，可以在你的朋友当中做一个小测试。有时间邀请三五个好友一起吃火锅，借机观察一下大家的吃相，看看他们的吃相与他们的个性是否能对得上号。

在吃火锅时，一般有4种吃相，看你的朋友们都属于哪种吃相？

A.自己边吃边加料，还招呼大家一起吃

B.只加自己爱吃的料

C.静静吃，很少参与加料的行动

D.吃吃停停，有喜欢吃的东西才动筷子，很少有加料的行动

测试结果：

选A：

这种人看起来很讲义气，很有江湖的味道，平时，有事没事喜欢冲在前面，爱挑大头，爱赚面子，说话办事非常注意形式。在事关个人利益的问题上，他们很善人前一面，人后一面。许多时候，他们会像大哥、大姐一样关心、体贴他人，但是内心到底是不是这样想的，谁也摸不透，有些事情他们也会隐得很深。一般没有一定的社会阅历与人际交往经历，是练不出这种功力的。

选B：

这种人很干脆、正直，他们不会耍什么心机，若有什么疑难杂症，找他们准没错。不过有一点你要明白，他们通常很难保守秘密，如果你有不想被公开的私事，最好别对他们透露，不然隔天你的秘密，就成了众所周知的新闻。

选C：

这种人有点神经质，他们对某些人、事、物抱持着一种敏感的态度，所以你的一些心思，不用言语就会被他们猜个正着。而当你对他们吐露心事时，你大可放心，因为他们不但是个专业的倾听者，也会为你守住该守的秘密。

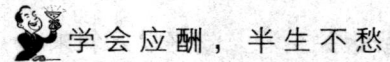
学会应酬，半生不愁

选D：

这种人行事一向小心谨慎，连聊八卦的时候都很精明，如果有什么不可告人之事被他们知道的话，你也无需担心，因为他们是"只进不出"的八卦仓库。这类人另外一个值得信赖的原因是，他们有时真的很健忘，所以往往会成为秘密的终结者。

所以，不论在饭局中找朋友、拉客户，还是套关系，除了要听其言，观其行，一定不要错过通过吃相识来了解一个人。

▷▷应酬心经

你在品食，人在品你。吃相展示的不仅是一种教养，也是一种应酬礼仪，不雅观的吃相不但是一种失礼，会让在座的人难为情，也会让人联想到你不良的品行。

喝倒也不要被礼数扳倒

李哲成是个酒场老手，遇有酒局他都会参加，通常是只喝酒不吃饭，并且一喝起来就没完没了。一次，局长宴请一位贵客，见他酒量好，便请他来作陪。难得能得到局长如此赏识，自然要赏局长一个面子。一开席，先由局长打头阵，但是没过半个小时，就败下阵来了，于是给李哲成使了一个眼色"你上"，李哲成自诩有点酒量，一心想帮局长扳倒对方，帮局长挽回些颜面。这时，对方却建议："今天喝得差不多了，咱们改日再喝。"

★第7章★ 应酬饭关系酒，吃好喝好勿求饱

其实，这位贵客不想与他喝酒，觉得他身份不够，也喝不出什么情调。但李哲成不这么想，一心想灌醉对方。对方见他如此"无礼"，便要给他个下马威，于是应了他，一替一个喝了起来，两人三瓶白酒下肚，对方面不改色，李哲成却有些吃不消了。贵客见状，便又要来一瓶白酒，借着酒劲儿，便又与他对饮起来，没几杯下去，李哲成就被灌倒了，趴在桌上开始胡言乱语。

从那之后，李哲成再也不敢在酒桌上逞能，随意灌人酒了。

酒桌上喝得好不好，往往决定了酒桌下干得好不好。要想喝好酒，酒桌上的规矩是必须要清楚的。如果你只懂咧开腮帮子喝，不懂其中的礼数与规则，早晚会被人小看。会吃会喝会办事儿的人，往往都是酒局中的高手，他们不但深谙饭局社交之精髓，而且也对酒局的规则与潜规则了如指掌。

俗话说，没有规矩，不成方圆。想使饭局变得圆满，符合自己的预期，那么，酒局中的一些基本规矩与礼数就不可不知。

（1）自己不喝，就不要劝别人。有些人自己不能喝，却在旁边一味地劝别人喝。这不但会让人反感，而且会让对方心里产生一种怀疑：你把我灌醉以后是不是有什么不可告人的目的？所以你越劝，他就越是不敢喝，到最后双方都下不了台，很可能导致大家不欢而散。

另外，如果自己真不能喝，就别开第一口，如果确信自己要喝，就别说那么多废话，先好好了解一下酒桌上的"潜规则"。

（2）忌说"感情深一口闷；感情浅舔一舔"。喝酒的时候，决不能把这句话挂在嘴上。为何？这句话一出口，注定会是一个两头不讨好的结局，尤其是在人多的宴会场合。试想，你跟哪些人感情浅，舔一舔就行了？而你要跟每个人感情深，一口闷，这就先苦了自己，还让对方也下不了台，只能舍命陪君子了。搞不好，下次大家都不敢跟你喝酒，不是跟你感情不深，而是酒量实在有限。

（3）再能喝也不要一上酒桌就充大。真正的"千杯不醉"，往往是前期

韬光养晦，后期厚积薄发，细水长流。如果你天生热情，又比较能喝，且喝酒的时候有几个领导同时在场的话，那么千万记住这一条：领导相互喝完才轮到自己敬。别一上来就举着杯子到处敬酒，你这种热情会被人视为不会做人的一种幼稚表现。

作为领导，为了公平起见，一般会跟在场所有人都喝一个才会坐下。如果你不是领导，最好随大多数人敬一人，决不可一人敬多人，出风头的结果就是成为"众矢之的"，酒量再好也扛不住众人的"车轮战术"。

（4）自己敬别人，切不可比对方喝得少。敬酒，就讲究一个诚意，而酒桌上的诚意就在于能喝一斤绝不喝八两，好比韩信用兵，多多益善。酒量大，你可以感情深一口闷，若酒量有限，实在不敢那样喝，那么切记，只要喝的比对方多就行了。

（5）自己的杯子要低于别人。端起酒杯，右手扼杯，左手垫杯底，记着，自己的杯子永远低于别人。如果自己是领导就不要放太低，不然下属也不好做。

（6）碰杯、敬酒，要有说辞。这是很多酒桌上的"新人"都会忽略的一个问题，往往会鲁莽地朝别人举起酒杯，却没有说辞，或是一时胡乱找几句话敷衍了事。一般在这种情况下，人家跟你喝是给你面子，不跟你喝，你也别急，实在是你劝酒的手法不高明。试想，对于那些酒桌上的"老手"，如果别人一劝他们就喝，那么还能满面红光、健健康康地坐到这里吗？所以，举杯之前一定要给自己找一个恰当的理由或者劝酒词。

（7）桌面上不谈正事。人家既然能跟你敞开了喝酒，说明要承你的情，替你办事情了，但是切记桌面上不谈生意，喝好了，"生意"也就差不多了，因为大家心里面都有数了，不必反复提醒对方，以免惹人生厌。

（8）说错话，办错事，不要申辩，自觉罚酒才是硬道理。这酒一喝，刚才那不和谐的一幕就算是翻过去了，谁也不会再旧事重提。

（9）遇有酒不够时，让人自己添。假如遇到酒不够的情况，酒瓶放在桌

★第7章★　应酬饭关系酒，吃好喝好勿求饱

子中间，让人自己添，不要傻乎乎地去一个一个倒酒，不然后面的人没酒怎么办？这种情况发生的概率很小，因为一般快没酒时，就会有人去张罗一些回来。宴会到最后的时候，还会有最后一杯共饮的酒。这个时候是不需要都倒满的，但是必须要倒得平均，然后大家共同举杯，一饮而尽，宾主尽欢。所以，不要让自己的酒杯空着，最后一个闷杯酒总是逃不了的。

（10）不要把"我不会喝"挂在嘴边。即使你觉得自己真的不能喝，也不要把"我不会喝酒"常挂在嘴上，免得不知情的人在心里面骂你虚伪。更何况，人能不能喝酒，别人是可以看出来的。确实是滴酒不沾的话，那就不要开这个口，在任何宴会上都不要喝酒。一旦开了口，当众喝了一次酒，那就要做好常常喝酒的准备，这是必然的。

当然，规矩也好，建议也罢，这些东西都是经过酒桌上千锤百炼、"酒精"考验后总结出来的，如果你不知道或者不清楚，那你就很难游刃于酒桌之上。

▶▶应酬心经

会喝酒的人喝酒，那是一种享受，不会喝酒的人喝酒，那是一种难受。会与不会的关键，不在酒量，而在礼数。

学会应酬，半生不愁

女士拒酒有绝招

一天，王玲与一帮朋友为同事丽华过生日。大家都知道她平时几乎滴酒不沾，所以，在吃饭过程中，没有人找她喝酒。饭吃到一半，公司的一个女同事也来了，而这位同事与王玲有些过节，看到王玲也在饭桌上，假装很热情，心里却想着如何借机灌醉她，好让她当众出洋相。

二话不说，这位同事上前端起酒杯便对王玲说："王玲，我们很少在一起吃饭，今儿好不容易遇到了，无论如何你也该喝下我敬的这杯酒吧？"对方这么一说，让王玲有些措手不及，但她很快就想到了应对的招数，她向身边的小郝使了一个眼色，小郝心领神会。说话间，王玲的手机响了，她掏出来看了下说："杨姐，真是对不起啊。我出去接一下电话，回来跟你喝，等会儿我，别走啊。"于是，王玲假装接电话出了包间，而实际上，这个电话正是小郝故意拨给她的。

十几分钟后，王玲返回饭桌，对敬酒的同事说："杨姐，今儿本想和你好好喝几杯的，但很抱歉啊，我得马上开车去接一位朋友，不能喝酒。就算我欠你一顿酒，有机会下次一定补上。"于是，她简单地和其余几位同事打过招呼后，便起身离开了。

第二天，小郝对王玲说："真有你的，要不然昨天够你喝一壶的，你没见她来势汹汹，大有一番不把你拿下誓不罢休的架势。我算领教你的厉害

★第7章★ 应酬饭关系酒，吃好喝好勿求饱

了，不过，这其中也有我的一份功劳。"

王玲说："那当然，无论如何那酒是不能喝的，要是开了先河，那下次参加一些饭局就必须要喝了。"

会喝酒的女人，就和抽烟的女人一样，多少有那么一点不寻常，也更加吸引人们的眼光。男人对喝酒的女人总有一点异样的感觉，有点喜欢又有点怕，因为男人明白女人不喝则已，若真的喝起来，会让他们很难收场：赢，不漂亮；输，不光彩。当然，在酒桌上也最能看出女人的性格：

第一种：酒到杯干，来者不拒的女人。属于豪放女，个性泼辣，是极好的红颜知己。

第二种：滴酒不沾的女人。标准淑女，一旦用情绝对专一。

第三种：喝的不多，喜欢装醉的女人。这种女人很善于自我控制，做事讲究手段，目的性很强。

第四种：自己不喝却想灌醉别人的女人。这样的女人如果再有一副娇好的容貌，对男人将是致命武器。

第五种：不该醉偏醉的女人。属于麻烦女，这种人易动感情，爱遇事闹得天翻地覆。

第六种：该醉不醉的女人。这种女人做事较冷静，性格坚强，喜欢孤芳自赏，观察力敏锐，能洞透男人的心灵。

第七种：失意后喜欢喝酒的女人。这类女人内心很脆弱，易受伤，尤其对感情拿得起放不下。

第八种：得意时猛喝酒的女人。这种女人外冷内热，热如火山。

通过喝酒看女人更准确，女人喝酒也很美：纤手持高脚杯，浅斟慢饮；两腮绯红，双眸一泓醉意，温柔中揉入了娇媚，忧伤中又让男人感到那么楚楚可怜。总之，喝酒的女人总是多那么一点点特别。

如果说工作早已不再是男人的专利，那么应酬也是一样。很多时候，职

学会应酬，半生不愁

场上的女性朋友也同样躲不过喝酒和应酬，不管是公司聚餐，还是陪客户吃饭，又或者是和同事之间的小聚。如果恰好是隐藏在女人之中的酒中高手那还好说，大多数女性还都是不胜酒力的，应酬对于她们来说，就像旱鸭子过河一般，让人很为难。如果在酒桌上，不会喝酒又不会说话，那么参加酒宴简直就是在受罪。

如果想在职场上游刃有余，作为女性的你可以没有一个好酒量，但绝不能没有拒酒的"绝活儿"。作为女性在拒酒时，会有一定的性别优势，如果再加上能说会道，善敬酒、会劝酒，还懂得怎么挡酒，那完全可以做到滴酒不沾而左右逢源。

相对于男士拒女士的酒，女士拒男士的酒要容易得多。在应酬场上，即使作为女性的你酒量尚可，也不要喝得太多，一是为了保持自己的淑女形象，二是避免酒后乱性，女士还是安全第一。具体的拒酒方法有：

（1）特殊时期，不便喝酒。一般来说，女性只要说"今天身上不舒服，不能喝酒"，男士们就不会再为难她了。因为大家都知道女性的生理周期，男士朋友们会做到起码的尊重。

（2）学会"投机取巧"。当你酒量不行，却又偏偏碰上不太能躲得过的应酬场合时，就要耍点"小手段"来逃过一劫。

第一，在喝酒之前事先准备一块小手帕（最好稍有点厚度的），喝了酒之后不要咽下去，假装擦嘴把酒偷偷吐到手帕上。女士一般都比较注重妆容，所以这种举动是完全正常的，只需做得自然一点就好，平日可将此动作多加练习，以备不时之需。

第二，喝酒之后，作势要吐，然后冲向卫生间，把口中的酒吐掉。当然，这一招不能多用，因为你不可能每喝一口都想吐。

第三，喝酒之前，向饭店要一些醒酒的东西放在旁边，如水果、清茶甚至醋之类，觉得不行了可以马上用来醒酒接着再战。

（3）学会装醉。不想继续喝酒的时候学会装醉，也是在酒桌上一种最明

★第7章★　应酬饭关系酒，吃好喝好勿求饱

智的选择。女性是天生的演员，在酒场上装醉是很容易的事情。如去卫生间的时候把胭脂在颊上打得多一些，让小脸呈通红状态，在酒桌上轻轻的歪头做酒力不支状，眼神迷离双唇微张，无意中会碰倒三四次东西，有男朋友的赖在男朋友的怀里直嚷头晕，稍有风度的男人都不忍心再灌酒了。

（4）学会借力。稍微有点姿色的女孩子身边都会围绕着一两个对自己有好感的人或者追求者。酒宴前就事先跟一酒量稍好的追求者悄悄地说自己不会喝酒，到时可否帮上一忙，大多有救美情结的英雄们都会大义凛然地做义不容辞状："放心吧，包在我身上！"酒场上拼酒时坐在他旁边，摆出一副楚楚可怜的姿态，有人敬酒自然他会兵来将挡，水来土掩。有牺牲精神的追求者必不可少，但是女性朋友们最好不要临时抱佛脚，平日就要注意发展一两个这样的"挡箭牌"才是。

酒场上，敬酒与拒酒好比矛与盾，到底谁能占据上风，因人因事而不同，没有一概的定论。最佳的拒酒效果是，拒酒不拒人，在取得对方同情与理解的同时，还要保全对方的面子。

▷▷**应酬心经**

应对一些难缠的酒局时，打时间差是一种有效的软招式，它的关键点在于，不用表白，不用央求，不用对抗，就可以让自己轻易躲过一"劫"。

第8章　交情是笔存款，多攒勤存少"透支"

在物欲横流的名利场与关系场，人与人之间很少会有纯粹意义上的友情与交情，许多时候，人情往来更像是一种投资。要想让人情保质、增值，一定要学会多积攒人情，多做人情投资，少透支人情账户，这样，你才有资本让自己的人脉关系变得更充实、丰满，而颇有价值。

学会应酬，半生不愁

学会充实你的人情账户

孙经理在职场上打拼了好多年，从普通员工一直混到销售主管，这么多年来，他对这份工作的感受只有两个字"人情"：不论是生意场上，还是生意场下，处处离不开人情，你徒有一身本事，若没有人情相佐，做人做事都很难吃得开。

刚开始升任主管时，他单纯地认为，只要自己够努力，销售有一套，就不愁打不开市场销路。但是一次次碰到钉子后，才恍然醒悟，人情淡，关系薄，生意场上也是寸步难行。一次，他想让公司的产品进驻某大型超市，却被超市拒绝了，对方的要求很苛刻，该有的证书一个都不能少。孙经理忙前跑后，终于把证办齐了，但对方还是不同意，言外之意，是想要些进场费。

本来已是薄利多销了，再交上进场费，哪还赚什么钱？

一气之下，孙经理放弃了进驻这家超市。老板觉得这钱该花："咱们也不是只做一锤子买卖，只要先与超市方搞好关系，把人情做足，以后也好让他们照顾咱一下。"

听了老板的意见，交了进场费后，产品顺利地进驻了超市。之后，孙经理也没有闲着，整天不是请这个吃饭，就是请那个喝酒，与超市的一些管理人员混得越来越熟。

因为有了超市方面的照顾，公司的产品销量也上去了，利润也有了保

★第8章★ 交情是笔存款，多攒勤存少"透支"

证。孙经理不禁感叹："成功做人与成功做生意何等的相似啊！可谓万事离不开一个'情'字，人情、交情、感情，有'情'走遍天下，无'情'寸步难行。"

的确，做生意如做人。如今，生活中的每个人都很现实，什么人是有价值的，什么人是没有价值的，往往心里清清楚楚。有价值的多深交，没价值的保持距离，这也是众人皆知的交朋友心得。

许多人终日被人情所累，同学、朋友、同事、老板……还有十八杆子打不着的七大爷、八大妈，有地位的，没身份的，有钱的，穷光蛋的……这些人当中，有交情深的，有交情浅的，有一面之交的，有相识多年的……

缠绕在这样的人脉网络中，人人都难逃一个"情"字，尽管现在认钱不认人的人越来越多，但是"人情生意"从未间断过，人既然能够为情而死，那么为情而做"生意"又有什么不可以呢？

既然做生意，就要懂得投资。做人情生意想获利，贵在正确地进行"情感投资"。情感投资，即，要在正常的交往之外，让双方尽可能多一层相知与沟通，能够在人情世故上多一份关心，多一份相助。

1.你搀我一下，我扶你一把

几百年前人们就开始在专门的鸡尾酒会上成交买卖了。如今，从自由市场买卖、学生会等这种"老式关系网络"，到高尔夫俱乐部、巨头会议，或是在桑拿中共同体验流汗：只要是有人应酬的地方，就有人情与交情存在。这也证实了德国社会学家爱尔文·舍尔希的话："高端决策者们互相扶植而达到成功，他们的格言是：你搀了我一下，我也会扶你一下。"

有位职业规划专家说，10%的成绩，30%的自我定位，以及60%的关系网络才是成就理想的标准因素。在人际交往过程中，能伸手帮别人一把时，一定要把手伸出去，简单来说，你是在用举手之劳帮别人，从另外一个角度说，也是在间接进行情感投资，在为自己的人脉积累资本。

学会应酬，半生不愁

2.平时多烧香，急时有人帮

现代人生活忙忙碌碌，没有时间进行过多的应酬，日子一长，许多原本牢靠的关系就会变得松懈，朋友之间的情感会逐渐淡漠。等到了急需朋友的时候，却发现那份原本真挚的友情早已变了味道，于是只能一个人叹息世态的炎凉，人情的冷漠。

与其如此，为什么不学会让友情保鲜，让人情增值呢？

有一位刚去美国的年轻人给自己的朋友写信说："我在这儿没有什么社交活动，我难得去看看朋友，这当然是因为我初到异地，认识的朋友不多，但后来我听说，其他的人也一样……"

"我每星期工作五天，星期六和星期天都去郊游，这是一种家庭式的生活。就是说，要去郊外，就跟自己家人去。"

"我不能利用假期去探望朋友，因为一到假期，谁都不在家，除非朋友患病在家……"

"平时我也不能利用下班后的时间去看朋友，因为交通太挤。"

"但是我常常和朋友通电话，这是我唯一可以应酬朋友的方法，我们无事也打电话，哪怕是寒暄几句，或者讲些无关紧要的事。"

"一旦有事，我们会立刻聚在一起。比方说上星期我生病，我急忙打电话给一位医生朋友，他马上驾车从70公里外赶到，把我带到医院……"

有事之时找朋友，人皆有之，无事之时找朋友，你可曾有过？

不知你有没有过这样的经验：当你遇到了困难，你认为某人可以帮你解决，你本想马上找他，但后来一想，过去有许多时候本来应该去看他，结果都没有去，现在有求于他就去找他，会不会太唐突了？甚至因为太唐突而担心遭到拒绝？

在这种情形下，你不免有些后悔"闲时不烧香"了。所以，朋友间平时一定要多注意沟通，哪怕一句问候，一条短信。

★第8章★　交情是笔存款，多攒勤存少"透支"

3.人情投资，宜走长线

做人做事，不可急功近利，有价值的人情都是需要长年累月培养的。善于放长线、钓大鱼的人，看到大鱼上钩之后，总是不急着收线扬竿，把鱼甩到岸上。因为这样做，到头来不仅可能抓不到鱼，还可能把钓竿折断。

他会按捺住心头的喜悦，不慌不忙地收几下线，慢慢把鱼拉近岸边；一旦大鱼挣扎，便又放松钓线，让鱼游窜几下，再又慢慢收钓。如此一收一弛，待到大鱼筋疲力尽，无力挣扎，才将它拉近岸边，用提网兜拽上岸。

拉关系办事也是一样，如果逼得太紧，别人反而会一口回绝你的请求。只要耐心等待，才会有成功的喜讯。所以，人际交往一定要有长远眼光，尽量少做临时抱佛脚的事情。

▶▶**应酬心经**

平时多烧香，拜拜冷庙烧烧冷灶，哪怕是只言片语的问候，亦是交友之道。只有注重人情投资，才有益于建立长久、稳定的关系网。

好友借钱怎么应酬

在一次朋友聚会上，小东经朋友介绍，认识了一位做汽车销售的朋友，见对方精明能干，小东也真心想交这个朋友。平时，两人经常会打电话联系，谈笑间越来越像哥儿们。一天，对方突然给小东打电话，说："自己汽车出现了些问题，正好身上没带钱，需要1000块钱修理费。"二话没说，小

学会应酬，半生不愁

东就给对方打过1000块钱。一周后，对方如数奉还。没过多久，对方又是一副十万火急的样子，开口要借5000元，并说三天内就还上。有前一次的信用在先，小东也没有多想，便慷慨地又借给了对方。结果这一借，一连七天都没有对方的音信。小东这才知道上了当，只怪自己太轻易相信所谓的朋友，借出了不该借的钱。

如果在利益面前友情还能存生，大概只有古时的管仲和鲍叔牙真正地做到了。在如今的关系社会中，朋友借钱是很难应酬的。应酬不好就滥用了友情，把友情渗透进了经济交往中，也可以说，是把友情抵押给了金钱，最后金钱吞噬了友情。因为友情不能抵押，抵押过的友情如同修补过的脸盆，无论你怎么视而不见，它终究还是被修理过的。

虽然友情很伟大，但友情也很脆弱，在经济生活中我们绝对不能滥用友情。正因如此，许多有经验的人都抱定了这样一个交友宗旨：不和朋友做生意，因为友情不容投资，和陌生人做生意能交上朋友，和朋友做生意会失去友情。

所以，钱这东西是最伤人的。万不得已，要少与朋友发生经济往来，该不向朋友借钱的时候就不要钱，该借的时候，也要注意快借快还。当然，面对朋友的借钱要求时，也要学会理性面对。

如果朋友张嘴向你借钱，你打算借给对方，那怎么做才会在金钱往来中捍卫你们的友情呢？

1. 绝不要为了友情而抵押面子

朋友之间开口借钱是最平常的事，一般情况下，做到快借快还，不但不会影响朋友间的关系，而且在一定程度上还能加深相互之间的交情。但如果朋友借了钱，迟迟不还，或是多借少还，这就会给友情蒙上阴影了。

通常，当朋友张开嘴时，碍于情面和友情，不借吧，觉得对不住朋友，借吧，又怕对方一时半会儿还不上，或是最终算成一笔糊涂账，所以，在朋

★ 第8章 ★　交情是笔存款，多攒勤存少"透支"

友借钱这个问题上，许多人都会很纠结，左右为难。

正因为借钱给朋友也是一种"冒险"，你很可能因此与朋友之间产生一些误会。为了避免出现这种情况，在借给朋友钱时，该明说的一定要明说，不要为了友情而抵押面子。如，朋友张嘴向你借6000元钱，而你不想借他那么多，觉得对方没有偿还能力，事后很可能因此而影响了你们之间的感情，不妨主动资助他三五百元，并言明：不用还了。这样做看似吃亏，但你失去的并不多，至少可以堵住朋友的嘴，防止他再次向你借钱。

2.订立契约

有些人与朋友好的时候，恨不得同穿一条裤子，相互之间你的就是我的，我的就是你的。朋友借钱时，也会非常潇洒地说："打什么借条，什么时候有什么时候还。"当钱借出去一段时间后，发现朋友并没有急着要还的意思，于是心里开始打鼓了：这钱会不会打了水漂？会不会为日后翻脸埋下导火线？

当朋友少还了钱，到时有苦说不出，朋友可能觉得如数还上了，而自己却觉得朋友少还了一些，这账怎么对？恐怕只会后悔当初没有让朋友立个字据，事已至此，要么选择继续做朋友，默认经济损失，要么选择一刀两断，不再继续交往。

所以，为了减少自己的损失，也是为了维护朋友的情面，该立的字据一定要立，这一点在朋友借钱之前一定要说在明处，并希望朋友理解你的本意。如果真是朋友的话，相信对方能够理性看待这个问题，并会主动提出订立字据的要求；如果对方觉得有伤朋友情面，而表现出不乐意，或是反常的态度，那这样的朋友不交也罢，更何况要借钱给他了。

当然，如果你一开始就不打算借钱给朋友，那拒绝的时候，一定要把话说活了，并充分照顾对方的情面，具体来说，可以参照以下两种方法。

第一种方法：不必听对方的解释。向别人伸手借钱，一定有他的理由，这个不用你操心。所以，当朋友提出借钱时，不要去问他为什么缺钱，或是借钱干什么,等他把其中的原委说清楚了,反倒不好拒绝了。所以,要想拒绝朋友,最好不要听对方解释。

如,朋友说:"能不能借我500块钱?我急着用呢。"

你千万不要用一种取闹似的玩笑话说:"开玩笑,我哪有钱呀?"

通常在这个时候,朋友的态度是认真的。为了不伤及朋友的自尊,可以安慰似地说:"哎哟,要是我能帮上忙的话……"

这种暧昧不明的说辞也不太适当。假如听了对方的说明后,再要说"不",就不容易说出口了。

第二种方法:一开始就明确拒绝。只要是关于金钱的事,拒绝时最好一开始就把态度表白清楚。"真对不起,关于金钱的事,我实在无能为力。平常您待我不薄,在这件事上我觉得很过意不去。"如果有必要的话,再说明自己因何无法借钱给他。同时,听对方诉苦也没关系。

拒绝向朋友借钱,多少还是一件让双方都感到没有面子的事情。有些时候,朋友是万不得已才向你张的嘴,所以,借不借钱给朋友,也要具体情况具体分析。不论借,还是不借,都要学会玩点聪明,不但要让事情做得漂亮,也要让大家面子上好看,毕竟,金钱对谁来说都是非常敏感的,该聪明的时候不能糊涂,该糊涂的时候不要太精明。

▷▷**应酬心经**

当朋友间的友情只能靠金钱来维护,来衡量时,这样的朋友谈钱必伤感情,借不借钱都是一种负担,与其如此,不如给友情重新找个支点,实在没有的话,就不要冠以"朋友"之名。

★第8章★　交情是笔存款，多攒勤存少"透支"

怎么应对突然升温的友情

小云与小峰是大学同学，也是最要好的朋友。毕业后，小峰进入了一家国有企业，工作轻松、收入高。小云没有找到合适的工作，在私营企业里打工，工作累，收入低。进入职场，通过与不同的人接触后，小峰越来越觉得小云没啥出息，这样的朋友不交也罢，说白了，对自己没有一点利用价值。渐渐地他便淡忘了眼皮底下的这位朋友。五年后的一天，小云接到一个电话，对方说："我是小峰，好不容易才弄到你的电话，这么多年没有你的消息，你难道把兄弟我给忘了吗？"

接到小峰的电话，多少让他有些意外，出于老同学的情面，他还是礼貌地客套着。随着话题的深入，小云这才知道，小峰所在的企业破产了，他在企业里吊儿郎当混了几年，本事没见长进，嘴皮子到变利索了——做起了推销员。见面后，小峰直夸小云长了本事，有老板的范儿。原来，小云经过几年的打拼，现在开了一家公司，手下养活了20多个人。小峰这次来，就是想让小云的公司订购他推销的产品。吃过饭后，小峰抢着要买单，小云知道他的来意，所以不想亏欠他的人情，于是送给他一支价值800元的钢笔，说是朋友从外国带回来的。

小云的这一举动完全出乎朋友的意料，见对方这样不随意落自己的人情，原本打算凭借昔日的友情，让朋友照顾下自己的生意，事已至此，却不

学会应酬，半生不愁

好意思开口。

俗话说，无事不登三宝殿。突然升温的友情是不是意味着"企图"？那么在面对突然升温的友情时，你该如何处理？这时你该相信自己，还是相信朋友？如果有一天这种友情不期而遇，你应该与之保持什么样的距离才是最安全的？这都能显示出一个人在处理人际关系问题的智慧。

以下介绍三种处理"突然升温的友情"的应酬方法。

1.他慷慨大方，你要慎落人情

如果只是普通朋友，大家交情说深不深，说浅不浅，总是若即若离，彼此保持着一种安全距离，那你无须对朋友有任何的提防。但有一种情况不同了：如果你们之前是很普通的朋友，所处的城市也方便来往与联系，却长时间没有交往，关系一度淡如水，突然有一天，对方对你热情得不得了，仿佛久别重逢的老知己，热情得有点过头，甚至在吃喝上，或是财物的使用上慷慨得让你有点意外。那对这种朋友就要多一个心眼了，多一份冷静，不要随意落他的人情。

尤其是曾经落魄，日后有所作为的人，他的人际关系往往很微妙：落魄时两眼一抹黑，飞黄腾达时，不是朋友也胜似朋友，人脉关系不是一般的好。像这样突然升温的友情，往往意味着某种"企图"，带有相当的功利性，在面对这种友情时，一定要会低调、理智，不要随便落人情，以免让自己陷入被动。

2.他帮你忙，你加倍答谢他

小周曾与小黄因为一件事情而发生过口角，虽然事情过去了很久，但双方依然有些心结。一天，小周由于生病没有来公司上班，小黄在老板面前为她说了不少好话，还主动将小周耽误的工作弥补了回来。小周得知后，虽然感到有些意外，但还是从心底里很感激她。从此，她们也开始了正常交往。

平时，小周需要别人帮忙时，小黄总会第一个冲在前面，那股热情劲儿

★第8章★ 交情是笔存款，多攒勤存少"透支"

让小周有些受不了。小周冥冥之中也意识到了其中的缘由——下个月公司要选举产生两位部门经理，小黄是最有希望的候选人之一。为了搞好与同事的关系，达到自己的目的，她先后多次提出要与有过矛盾的同事重归于好，并且说了许多好听的话。

小周认为小黄这样的人根本不适合当经理，所以也不打算投她的票，但是又难以拒绝她的"好意"，所以，每当小黄帮她一点忙，她便会加倍偿还，不想落她一点人情。如，小黄今天帮她汇报工作，小周改天便会替她加班；小黄帮她买午餐，小周就会请她吃饭。

在选举会上，小周并没有投小黄的票，最终小黄没有当选。事后，她抱怨说："现在的人真没有良心，平时待他们不薄，怎么让他们投一票就那么难！"

许多时候，好意也不全是免费的，尤其当你没权没势，没有一点利用价值，别人凭什么要向你"施舍"好意。在有些事情上，我们一定要保持冷静，要先看得清自己，看得清对方，不要头脑一发热，就糊里糊涂地做傻事，被别人利用，或是充当别人的马前卒。因为纯粹的友情与突然升温的友情是两码事。

3.他热情过头，你要冷眼相看

俗话说，没有距离就没有友谊。越是急速升温的友情，越容易破裂。张先生靠做小买卖挣了些钱，平时就是连亲戚与最要好的朋友也不好意思向他轻易开口借钱。但是一个素不相识的老乡却敢于开这个口。一次，张先生到外地出差，在火车上认识了一位姓张的老乡，两人一见如故，无所不谈。

那位老乡非常健谈，一个劲儿地与张先生套近，一会儿说自己与张先生五百年前是一家人，一会儿又说自己的前辈与张先生的前辈在一个生产队务过农。最后便开始与张先生称兄道弟，当他得知张先生要到外地出差，便做出一副很会照顾人的样子。张先生也是见过世面的人，没有轻易相信这个人，但也不轻易表露自己的态度，只是表面应承，接下来，没想到这位老乡

学会应酬,半生不愁

竟开口与自己借钱:"不瞒你说,现在钱难赚啊,我手头这个项目可是稳赚不赔,可惜就差那么一两万元,大哥如果能帮我一把,我也省得跟别人张口……"

"是啊,如果能帮的话,商机来了我怎么会不帮你呢,我这不也是去催账。咱们初次交往,以后机会还多着呢。"

见张先生没有理会自己,他也自感没趣,借口到别处有点事,换了个地方坐了下来。

世上没有无缘无故的爱,对于别人急速升温的友情,首先不要动情,其次,要学会适当地拉开距离,他越是想与你攀亲,主动采取攻势,你越要学会疏远彼此距离,采取一种守势。如果是真正的友情,时间与距离会让它变得更有分量;如果是虚情假意,隔一段时间便会"图穷匕见",因为对方根本没有心情与你长时间耗下去。

▷▷**应酬心经**

太过炽热的友情反倒会灼伤人,在未识破友谊真面目之前,要适当保持"友谊",不迎不拒,保持适当的距离冷眼旁观,看这种温度能持续多久。

★第8章★ 交情是笔存款，多攒勤存少"透支"

友情可淡不可忘

两年前，玲玲认识了同宿舍的文文，时间久了，两人便形影不离，成了最要好的朋友，并且，玲玲一直把文文当妹妹来对待。可是半年前，她们之间的友谊开始出现了一点不和谐，文文又结交了一位新朋友，开始对自己不冷不热，慢慢地，玲玲也习惯了，毕竟她们还是朋友。

玲玲始终搞不明白，是自己哪些方面做错了，或是无意中得罪了文文，让她开始有意疏远自己。平时，文文出去与人吃饭，或是出去玩从来不叫自己，事后总是会说一句"我忘了"，要是别人也就罢了，但让玲玲很在乎的是，文文竟如此不将自己当朋友看。

有一次，玲玲鼓起勇气问文文："我们之间到底发生了什么事？"文文却淡淡地说："没什么事。"

有人建议玲玲说，她怎么对你，你就怎么对她。但是玲玲却很在乎这份友谊，不忍心就此失掉这位朋友，所以，她现在很迷茫。

类似的事情司空见惯，朋友间的友情有时就是这么让人捉摸不定，你永远也不知道谁对谁错，其中的是是非非、恩恩怨怨也不是单纯站在哪一方的角度随便就能说清楚的。

许多时候，友情之所以会出现裂痕，主要是因为一方对另一方期望值过高，要求太多，以至让对方产生心理负担，或是无法接受，进而会有意疏远对方。有句话叫"君子之交淡如水"，从表面上来理解，是说君子之间的交情淡如水，言外之意是，真正的好朋友会为对方着想，在相处过程中双方会保持合适的距离与恰当的热度，这样才会使友情变得长久，变得纯净。

事实的确如此，那些过分热情的友谊往往不会持续太久，因为其中定会掺杂着一些功利因素，一旦一方失去了利用价值，那友情也会宣告结束。

所以，在与朋友相处过程中，一定要记得一个大原则：友情可淡不可忘。具体来说，就是要与朋友保持适度交往，不要太冷，也不要太热，这对双方都是一种保护。

1. 经常保持联系

这是一件非常容易办到的事情，时不时向朋友表示一下问候，送上一句祝福，或是小聚一下，都可以让友情保鲜。同时，用这种方式也是在告诉对方："我很在意你，一直没有忘记你。"如果半年，甚至一年没有联系，突然有一天向朋友表示问候，那多少会显得唐突，从情感上来说，虽然朋友会感到惊喜，但更多的还是提防，因为朋友很可能会怀疑，这个时候联系自己定有某种企图。如此，就会让友情变得不尴不尬，凭空多了一份不信任。

反之，如果经常保持联系，一周一次，或半月一次，那朋友就完全没有这种心理负担。交流起来也会显得轻松、自在。

2. 重新认识朋友

不可否认，现实中的有些友情是掺杂着其他功利因素的。有些人之所以愿意与你保持友情，并主动亲近你，是因为你对他来说还有些许的利用价值，如，你的某个朋友或亲戚是位贵人；你手头掌握一定的人脉资源，这正是朋友需要的；你很富有，出手大方，吃饭经常不用朋友买单……

某一日，一旦你一无是处，对朋友来说没有了利用价值，或是朋友感到，交你这样的朋友，只会让人感到掉身价，那朋友可能会毫不客气地把你踢开，另寻知己。

★第8章★ 交情是笔存款，多攒勤存少"透支"

对于这样的友情变故，一定要学会重新审视自己，审视朋友，如果别人压根就是把你用来当枪使的，那对这份友情也不必抱太多幻想，应坦然面对现实，该放弃的要果断放弃。

3.学会低调共事

再自诩清高的人，多少还是会有嫉妒心理的，有一类人嫉妒心理特别强，只许周边的朋友比自己差，不许朋友比自己强，一旦有朋友在某些方面强过自己，便会醋味十足，心里酸得要死。事实证明，这样的朋友往往很难处，但也不是没有相处技巧。

留意一下你的周边，看看有没有这样的朋友。如果你确实看重与这种人的友情，那在与他们相处时一定要低调，强过朋友的地方要少说，不及朋友的地方要多讲，让他们始终保持一种优越感。只要他的优越感在，那你们的友情就在。

4.该放手就放手

有些人平时朋友较少，好不容易交了一个知心朋友，便会投入百倍的热情，殊不知，这也会给朋友造成一种心理压力，且压得对方有些喘不过气来：该说的不该说的，你都要与对方说；恨不得把心掏出来给对方，让人感到无力"报答"……有些人正是因为不堪这种压力，而选择疏远朋友的。朋友相处，一定要给对方留足空间，这既包括心理空间，也包括人际空间，所以，该放手的时候一定要放手。友情深浅，说白了，是一种心理感受，只要对方愿意接受你，信任你，那不管对方嘴上怎么说，距离与你有多远，友情还是友情；如果对方从心理上不愿意接受你，或是反感你，那你们之间即使再是一副亲密的姿态，也只能算是一种面子上的应酬，而谈不上一点友情。

要相信，真正的友情还是存在的，但是，它需要像经营事业一样，由双方共同来经营。如果你不善经营与朋友间的友情，忽冷忽热，忽远忽近，那再忠诚的朋友也会渐行渐远。

学会应酬，半生不愁

▷▷ 应酬心经
　　如果友情中掺杂着功利与名声，那这种友情必然来得快，去得也快，只有纯净如水的友情，才会如涓涓细流，绵而不绝。

关系再好也不能太实在

　　正在下班途中的小李接到了朋友的电话，说是孩子过满月，让他无论如何也要过来吃饭，电话来得太突然，小李没有一点心理准备，兜里也没有带多余的钱。于是便在电话中向朋友说："我晚去一会儿，回去准备一下。"朋友知道他要干什么，便"警告"说："你要真把我当朋友，就你赶快过来，别搞那些形式上的东西，我可看不惯那些。"

　　听朋友这么一说，小李连声说道："好，好，我这就去。"到了朋友家，发现已经有几位朋友早已拍马赶到。吃过饭，喝过酒，有的朋友拿出了自己随身带来的礼物送给孩子，没有准备礼物的，干脆直接送上一个现金红包，见此场面，朋友总是客气着说："来一趟，还带什么礼物，真是让你们破费了。"眼看大家都有礼物送上，自己兜里连张百元大钞都没有，这让小李变得很尴尬。

　　事后，小李觉得自己这顿饭吃得很没面子，后悔自己做人太实在。

　　在各种应酬场合，不但做人不要太实在，对人对事也不要太实在。许多人的前车之鉴便是教训。常听说，"某某人很实在"，这句话要学会从两个

★第8章★　交情是笔存款，多攒勤存少"透支"

方面去看，从正面去看，是说这个人做事没心眼儿，一就是一，二就是二，不会算计人；从负面去看，却暗含了这样一层意思，即此人不思变通，说话办事不圆融，让人觉得很"傻"。

所以，原本是对人褒奖的词，在一些应酬场合，却成了描述一个人不善应酬的委婉说辞。这也说明，应酬不是简单的吃吃喝喝，说说笑笑，而是一门极具技术含量的处世艺术。做人太老实，为人太实在，大多在应酬场合不吃香，也吃不开，这些人参加一些应酬时，多数时候会觉得蹩脚，很无趣，越是这样，他们越是有意回避一些应酬，久而久之，便会被孤立，人脉关系也会少得可怜。

可见，做实在人可以，但在应酬场合，一定不要做太实在的事，该圆滑的时候要圆滑，该世故的时候要世故，这样于人于己都方便。因为，应酬说白了就是大家逢场作戏，谁演得好，演得到位，演得深入人心，谁就是主角，谁就是最有面子，最能办事的人。你不会演，不想演，也不善于演，那你永远也入不了局，只会被人忽略。

朋友之间，虽然需要真情实感，但是该演戏的时候，也一定要演上一出。具体来说，在与朋友相处时，即使是好心，做好事也要学会变得圆融一点，这样，朋友才更容易接受你，事情也会变得更圆满。

1.好事不可一次做尽

饮足井水者，往往离井而去。朋友间应酬，无非是你今天有事求我，我明天有事求你，事虽不大，但是一来一往，就会显出朋友关系的特别之处。尤其在帮助朋友时，一定要留有余地，不要将好事一次做尽，如此，不但会显得朋友低能，而且也会让朋友觉得恩情过重，自己无法报答你，进而对你失去"依赖"感，以后也不会对你再产生特殊感情了。

2.多雪中送炭，少锦上添花

在现实中，雪中送炭永远都比锦上添花更容易让一个人赢得友谊。我们内心都有一些需求，有紧迫的，有不重要的，而我们身处困境的时候遇到别人的帮助，则内心感激不尽，甚至终生不忘。如，濒临饿死时送一只萝卜和富贵时送一座金山，就内心感受来说，完全不一样。所以要落人情，就应落在关键时刻，而不要在对方不需要你的时候，主动献殷勤。

3.适当欠朋友点人情

如果想长久地维持朋友间的关系，也可以适当地让朋友帮你一些小忙，落朋友一些人情，一来，让朋友觉得自己对你还是有价值的，缓减一下"你老帮我，我帮不上你一点忙"的心理压力；二来，不致让双方的友情太空洞，没有实质性内容。

张小姐刚到一家公司上班不久，便买了一辆私家车。开始，下班后一些同事都不好意思搭她的车回家，张小姐做人大大咧咧，便主动热情地邀请顺路的同事搭车。几次下来，有几位同事很爱面子，偶尔会搭一次，并提出给张小姐一些过路费，但被张小姐拒绝了。但有一位同事很实在，张小姐邀其搭车，他会搭，不邀他搭车，他也会主动来搭。有些时候，张小姐觉得很不方便，之前，为了让这位同事少走一些路，她特意会为他绕一些道。之后，绕道便成了习惯，这倒没什么，有时这位同事走得晚，如此，自己还得在车里等一等，自己的车用起来也觉得很别扭。之后，张小姐便借口车出了问题，每天坐公交上班。一段时间后，张小姐又开车上班，那位同事也没有再搭过她的车。因此，同事间的关系也弄得很尴尬。

类似这样的事现实中并不少见。本来好端端的一件事，你不怕我搭车，我也愿意搭你的车，你情我愿，大家相互照顾一下，落个人情，对相互之间的关系也是一种润滑。但结果却弄得不尴不尬，问题就在于这位同事太实在，以致让张小姐产生了一定的心理负担。

与人应酬时，凡事一定要有所保留，为人不能太过实在：说话太直接，做事没分寸，迟早会破坏人际平衡。当朋友觉得你在亏欠他的，或是觉得无力回报你时，那他的心理就会失衡。心理学家霍曼斯早在1974年就曾经提出，人与人之间的交往本质上是一种社会交换，这种交换同市场上的商品交

★第8章★　交情是笔存款，多攒勤存少"透支"

换所遵循的原则是一样的，即人们都希望在交往中得到的不少于所付出的。其实，如果得到的大于付出的，也会令人们心理失去平衡。所以，与朋友应酬，说话办事太实在，于人于己并不见得是一件好事。

▷▷应酬心经
　　不要在朋友身上过度"投资"，适当给对方以喘息的机会，给对方留有余地，这样彼此才能自由畅快地呼吸。

第9章 圈内人圈外人，高低贵贱各不同

每个人都身处不同的圈子，应酬角色也会随时随地发生变化，与不同的人交往，便要懂得运用相应的技巧和手腕。尤其在处理各种圈子关系时，要内外有别，方圆有度，这样才会避免让自己处于被人忽视的地位，才会与各类人群打成一片，成为惬意的应酬达人。

学会应酬，半生不愁

入场前留意你的身份

娜娜刚从大学毕业，被分配到一个离家较远的公司上班。每天清晨7点，公司的专车会准时等候在一个地方接送公司员工。一个骤然变冷的清晨，她比平时迟起了5分钟，可就是这区区5分钟却让她付出了代价。

那天，当娜娜匆忙中奔到专车等候的地点时，时间已是7点05分。班车已经开走了。正当她打算打车上班时，突然看到了公司的那辆黑色宝马轿车停在不远处的一幢大楼前，一看车牌，没错，正是上司的爱车。

"真是天无绝人之路。"娜娜庆幸自己好运气，她快步来到那辆车前，拉开车门悄悄地坐了进去。司机从反光镜中看到了她，转过头对她说："小姐，你不应该坐这车。"

"可是，我今天的运气好啊。"她如释重负地说。

这时，上司拿着公文包飞快地走来。当他上车后发现后排多了一个人，一脸的意外。娜娜赶忙解释说："班车开走了，我想搭您的车子。"她的语气中充满了轻松随意，甚至还有几分娇气。

上司愣了一下。但很快明白是怎么一回事，然后坚决地说："不行，你没有资格坐这车。"然后用无可辩驳的语气命令道："请你下去。"

娜娜觉得自己很委屈，她强调说："否则，我会迟到的。"上司面无表情地说："迟到那是你的事。"娜娜又把目光转向了司机，希望司机出面帮自己说句话，司机看了她一眼，一言不发。

★第9章★ 圈内人圈外人，高低贵贱各不同

见娜娜没有要下车的意思，上司推开车门，快步离开了，然后叫了一辆出租车。娜娜只能跟着下来，那一刻，她泪流满面，只恨上司如此不尽人情，但是她没有想过，坐这辆车其实也是需要身份的。

不管是什么时候，都绝不要忘记了自己的身份，也不能忽略了自己的身份，否则会给自己带来意想不到的麻烦。在人生的舞台上，每个人都免不了要进行各式各样的应酬，时刻都在扮演着某种角色。因此每当与人应酬时，不仅是在传递信息，而且还包含并规定了表达者与接受者双方的角色关系。

通常在应酬中，人们期待别人说出的话符合其角色规范。所以，我们常常听人说，某某人今天说话有失体统，往往是指他所说的话有悖于人们所期待的角色规范。这样交际的效果就不会好。可见，应酬时角色把握非常重要，在上司面前，就应该表现出一种低姿态，扮演好下属的角色；在朋友面前，就应该放弃领导的架子，以平等的姿态扮演好朋友角色；在爱人面前，就要忘记你的职位，扮演好妻子或是丈夫的角色……

只有这样，才会在应酬场合更恰如其分地展示自己，才能让应酬变得更和谐，才能让人更乐意接受你，包括你所说的话，所做的事。

曾经，英国著名的维多利亚女王一直以来都与自己的丈夫相亲相爱，感情和谐。但是她成天忙于公务，经常需要出入社交场合，与其相反，她的丈夫阿尔波特对政治一点也不关心，对社交活动更是没有多大的兴趣，所以两个人也会因此而闹些别扭。

有一天，维多利亚女王去参加社交活动，阿尔波特没有去。直到夜深，维多利亚女王才回到寝宫，此时门房紧闭。于是女王走上前去敲门："有人吗？"

阿尔波特问："谁？"

女王回答："我是女王。"

房内阿尔波特又问："谁呀？"

学会应酬，半生不愁

女王回答："维多利亚。"

门还是没有开。女王徘徊了一会儿，再一次上前敲门。

房内的阿尔波特仍然问："谁呀？"

女王温柔地回答："我是你的妻子。"

这一次门开了，她的丈夫阿尔波特伸出热情的双手把女王拉了进去。

作为女王的丈夫阿尔波特，一开始就知道敲门的人是自己的妻子，他的两次发问其实是明知故问。为什么维多利亚前两次敲门，都没有叫开门，而最后一次丈夫阿尔波特却帮她打开了门呢？

这是由于女王的心理状态没有随着交际环境、对象的变化而加以调整，在丈夫面前也以女王的口气说话，让丈夫阿尔波特的自尊心受到了伤害。也就是说，女王此时的语言与其所扮演的身份发生了冲突。

融入不同的圈子，与不同的人交往，就要学会转换不同的身份，在顾及到他人感受的同时，也会为自己的应酬活动带来便利。这与我们常说的"看场合说话"有异曲同工之妙。另外，在角色转换时，一定要自然、圆融，不要显得太生硬、做作，如，在下属面前应该保持应有的领导风度与气质，当出现在领导面前时，就要学会表现出适当的服从、配合意识，并保持低姿态，如果依然以领导者的姿态自居，抢领导的镜头，那很容易冲撞领导，做出有失身份的事情。

所以，应酬时切记要注意身份转换，不要总是用一个腔调说话，用一副面孔与不同的人交往，该活脱的时候要活脱，该低调的时候要低调，只有像变色龙那样随着环境的变化，来适时地改变自己，才能让自己获得更广的生存空间。

▷▷ 应酬心经

说话前一定要注意自己的身份，不说有失身份的话，不做有失身份的事，同时，也要注意关照对方的身份，并有针对性地调整自己的应酬技巧。

★第9章★　圈内人圈外人，高低贵贱各不同

与家里人应酬要注意的事

顾先生是一家经纪公司的总经理，平时应酬比较多，即使周末，大多时间也在忙着与客户谈生意，很少有时间陪家人。顾先生也知道自己亏欠家人太多，但是工作太忙，实在抽不出时间。一度，夫妻俩因此大吵大闹，妻子责问他："你心里还有没有这个家？"顾先生却理直气壮地说："你以为我愿意这样啊，我也是没有办法，也想让你与孩子过上好日子。"

隔三差五，两人就会发生一点口角。有时，顾先生回到家也没有好脸色，受了客户的气，或是工作不顺心，都会把怨气带回家里，为此，妻子说过他好多次，每次都会演变为一场更激烈的口水战。

顾先生总是希望妻子能够理解自己，但是妻子却有自己说不出的苦衷。一次，董事长得知他的情况后，对他提出批评："我说老顾啊，工作上的事要紧，家里的事也要尽一份心啊，看你近来状态低迷，怎么能搞好工作？"

顾先生也是聪明人，他知道董事长是在提醒自己：同样不能忽略了家庭应酬。之后，顾先生尽量会腾出一些时间来陪家人，避免将工作中的不良情绪带回家，很快，他就让妻子与孩子重新找回了家的感觉。从此家庭和睦美满，每次，顾先生一回到家，整个人就会完全放松下来，工作状态也开始慢慢回升。后来，他多次提醒自己的员工："工作上的应酬固然重要，但也不要忽略了家庭应酬。"

学会应酬，半生不愁

俗话说"家和万事兴"，"小两口一条心黄土都能变成金"。家庭如同一个战士后方的医院，如同一个旅者休息的港湾。如果你在外为事业而四处应酬，却忽略了你的后方，导致家庭矛盾激化，从而让你在事业上分心，那你的这种应酬又有什么意义呢？

家庭也可以说是事业的基石，只有家庭和睦、团结，当你累了一天后回到家，才能感到家的温暖，才能在家人的体恤与关心下，再次以饱满的热情与充沛的精力回到工作岗位。如果一个人你连自己的家庭都经营不好，怎么能经营好你的事业呢？

所以，在工作节奏越来越快的今天，绝不要忽略了家庭应酬，要学会在工作之余多带给家人一份温暖与体贴，让家庭中的每一个成员都感受到家的温馨，为此，一定要学会处理家庭成员之间的关系。具体来说该如何做呢？心理学家会给出了如下一些建议。

1.经常用笑脸面对家人

有些人对此不以为然，认为既然是一家人，何必要虚情假意？其实不然，脸上的笑容会带给人一种轻松、平静，也会带给家人一份好心情。如果整天都是一副苦瓜脸，自己难受不说，让人看着也会纠心，久而久之，你就会破坏整个家庭的氛围，让家庭成员的心理产生阴影，毕竟情况是会传染的，好情绪如此，坏情绪更是如此。所以，要学会经常以笑脸面对家人，不把不良情绪带回家，这既是在给家人减压，也是在保护家庭的幸福。

2.多一点幽默谈吐

家庭成员偶尔吵吵闹闹，或是闹一些家庭别扭，这都是免不了的事。在预防或处理这类事情时，要尽可能让自己说出的话变得搞笑、幽默，以制造一种轻松的家庭气氛。如果总是板着脸去各评各理，气氛只会僵化，反之，幽默一把，再大的心结也会不解自开。如，妻子生气的时候，你来上一句："嗨，鼻子都气出两个鼻孔了，有气就憋着吧。"对方很可能一笑了之。如果你换一种处理方式，一本正经地说："有什么可生气的，咱们评评理，你

★第9章★ 圈内人圈外人，高低贵贱各不同

说这件事谁有错在先？"这样，就把事情搞复杂了，即使妻子知道是自己有错在先，那你也不要指望她会在这个时候主动承认，给你搭台阶下。

所以，幽默也是一种处理家庭矛盾的艺术。掌握语言的幽默技巧并不十分难，重要的是你应该具备宽广的胸怀，把问题想的开些，把事情看得开些。另外，还要有一种活力，活力是保持快乐的来源。

3. 了解并关心家庭成员

要善于了解、关心家庭中的每一个人，考虑他们的利益愿望、习惯和爱好，掌握好自己的作用。有些人，特别是做家长的，往往忽略了这一点。他们爱在家中发号施令，我行我素，丝毫不顾及配偶及子女的感受，结果经常让他们难堪。如，不照顾对方的心理感受，过度干涉对方的事情，不关心对方的要求等。

4. 要管好自己的舌头

夫妻互敬首先应体现在语言上。夫妻双方应像朋友间谈话那样，也要注意把握分寸感，即使多年的老夫老妻，在日常生活中也不妨使用"请"、"对不起"之类的敬辞，以体现对对方的尊敬之意。当对方取得成绩时，则应崇敬之情溢于言表，给予赞赏，表示鼓励。

夫妻间虽然可以无话不谈，但也应该注意场合。比如，当着外人的面，彼此讨论问题应以商量口吻说话，以体现尊重，要防止用命令的口气要求对方，以体现自己的地位或威风，另外，不应当着别人的面讥讽芯苦对方，如说"你懂什么"、"你少插嘴"、"你真蠢"之类的伤人的话。这些不敬之词会令对方颜面全无。

有这样一位妻子，见到别人家发达了，就对自己的丈夫不满意，常常拿丈夫撒气，当着别人的面指责丈夫"没出息"、"没本事"、"窝囊废"，常说"跟上你真倒霉。"丈夫脾气本来很温和，听她常常这样贬自己，终于被激怒了，对着妻子吼道："你去找有本事的，我不拦你。"夫妻感情由此而出现裂痕。

人是有自尊的，语言不敬，丑化贬低，是最令人难忍的。因此，要净化家庭语言环境，避免使用不敬之词，特别是在发生矛盾分歧的情况下，要把握语言的分寸，切不可说过头话，贬低蔑视对方，尤其不要说话带脏字、骂人或污辱人格。

5.学会尊重对方的意愿

对于家庭问题，夫妻之间都有发言权，彼此要用协商的态度讨论问题，充分尊重对方的意见，当出现分歧时不能唯我独尊，把自己的意见强加于人。具体的做法是，仔细倾听对方意见，认真思考，挖掘其中的合理因素。如果对对方意见不重视，不理睬，一意孤行，便容易损害对方的尊严，易于造成难以弥合的情感裂痕，这在家庭应酬中是最忌讳的。有一位年轻人，下岗后一直找不到工作，他见人炒股赚了一些钱，就想把家里的积蓄全部拿出来去炒股票，妻子说风险太大，不同意，建议他发挥自己的优势，办个小修理摊，稳扎稳打。可是年轻人听不进去，说："要干就干大的"，讥讽妻子是"头发长见识短"，干不成大事，所以不听妻子的劝说，我行我素。结果由于缺乏知识，同时又缺乏耐性，操作方式失当，不但没有赚到钱，反而把老本都赔了进去，致使家庭生活陷入困境。这个事实也告诉我们，在家庭中尊重对方的意见，取得对方的支持和合作，也可以避免出现决策失误。

6.学会巧妙地说"不"

在处理家庭问题时，夫妻双方往往会出现意见相左的时候，这时如果双方观点不能取得一致，因此发生争执，很可能会影响双方的感情。所以，如果一方不同意另一方的观点，也要学会巧妙地说"不"，避免由于沟通方式不当，而使双方出现难堪，进而影响了相互间的感情。

比如，在经济条件较紧张的时候，妻子提出购买一台洗衣机，而你不同意，你可以这样说：我们家中确实需要一台洗衣机，那样就可以减轻你的家务劳动，可是现在经济上还不允许，让我们再忍耐一段时间，等手里有了钱首先考虑买洗衣机。可以想象，在这样的回答面前，妻子肯定是乐于接受的。

第9章　圈内人圈外人，高低贵贱各不同

7.注意倾听的技巧

在家庭中，耐心倾听也是一项非常重要的应酬技巧，许多时候，我们会忽略了这一技巧。平时，家庭成员间产生的一些争执与误会，多半是由于听不进对方的意见，或是不能准确理解对方的本意而引起的。在有些情况下，该耐心倾听对方时，一定要静下心来听对方"唠叨"，如，对方在工作中受了委屈，回到家找家人诉苦；对方就某件事情只想对你阐明自己的观点……切忌对方在坦诚地向你诉说心声时，你一副火急火燎的样子，既耐不住性子，又嫌对方啰唆，进而不耐烦地："一张嘴就是说这些，烦死了。"如此，只会激发对方的抵触情绪，让双方形成心理隔阂，不利于家庭和睦与团结。

8.学会适度的忍耐

忍，体现了一种肚量，一种气度，切忌在情绪不佳时让自己失态，与家人发生冲突。在一些小事情上，要学会保持冷静，学会放弃一些所谓的原则，多以理解、体恤的态度来处理家庭事务，才能大事化小，小事化了。

在商务应酬、朋友应酬、同事应酬越来越频繁的今天，不论有多忙，也一定要兼顾家庭。因为家庭也是一个小的圈子，也需要适度的应酬。

▷▷**应酬心经**

应酬一个人容易，应酬一个家庭难。如果夫妻双方本着"你敬我一尺，我敬你一丈"的态度，敬意就会升华为爱，家庭关系就会更和谐、更美好。

学会应酬，半生不愁

与异性交往应忌讳什么

王小姐长相娇美，人也聪明伶俐，但却不受同事的欢迎，在公司里人缘很差。刚来的时候，同事都常因王小姐"为人大方"、"善于应酬"而愿意主动与她搭讪。没有过多久，关于她的闲话便开始多了起来，尤其是男同事们，一提到她的名字，都有一种莫名的"恐惧"。

原来，王小姐自认自己身材与长相较好，美如仙子，所以时不时在公司里卖萌，偶尔说话也会装嗲，或者表现出一副楚楚动人的可怜相。那种自负的优越感，不但女同事看不惯，连男同事都有点受不了。更要命的是，她认为公司的男同事都觉得她美如天仙，都非常喜欢她。所以，经常会使唤身边的男同事干这干那，有时，还强行要求男同事请她吃饭。

男同事出于面子，会帮她一些小忙，或是偶尔请她吃一顿饭，但是王小姐却经常当着女同事的面说，某某对她有意思；某某是个小气鬼，不像是个男人；某某太不够意思等。没过多久，就很少有人再接近她了，自己却仍在孤芳自赏，谁见了都看不惯。这让王小姐很郁闷："自己做错了什么？竟招来如此多的羡慕、嫉妒、恨啊。"

在日常应酬中，谁都免不了要与异性之间发生交往，在与异性交往过程中，往往不会像同性间那么随便，什么话该说，什么话不该说，都是有讲

★第9章★ 圈内人圈外人，高低贵贱各不同

究的。如果你是男性，在与女性应酬的时候，有些敏感的话题是要极力避免的，如，询问对方的年龄、收入等，同理；如果你是女性，在与男性应酬的时候，有些话也不是随便可以说的。

不用提醒，一些久经应酬场合的人都明白这一点，对于一些应酬场上的新人来说，在与异性应酬时，既要放下心理包袱，摒弃一些不良的、错误的思想，同时，也要掌握一定的应酬技巧与方法。

下面，我们先来讨论男性在与异性应酬过程中，应该注意或是避免哪些问题。

（1）轻率地询问女性的年龄。在日常应酬中，轻率地询问女性年龄会被认为是最不礼貌的行为，通常这种问法会被误会为不怀好意。

（2）询问女性的家庭住址及家庭情况。随便询问女性的家庭住址及家庭情况，容易造成误会，女性会认为你心怀不轨而疏远甚至讨厌你。

（3）对女性的容貌品头论足。女性一般都非常在乎别人，特别是男性对自己容貌的评价，而且女性一般都希望别人称赞她的容貌，即使她的容貌很一般或存在某种缺陷。如果轻易对女性的容貌品头论足，会被认为你缺乏教养，同时还会招来其他女性的反感。

（4）损伤女性的自尊心。女性的自尊心往往比男性更强，并且在一些事情上，表现得比男性更敏感，自尊心也更容易受到伤害，在与女性应酬时一定要不说伤人自尊的话，学会站在对方的立场上思考问题。

（5）嘲笑女性。不论你说的对还是错，绝不要当面抨击，或是嘲笑对方，那样会让你显得很小家子气，缺少男人的气魄。也许你说的痛快，但是事情过后，你可能会让自己多一个敌人。

（6）脏话连篇。有些男性认为粗犷可以显示男子汉气魄，粗犷可以吸引女性的目光，因此在谈话中口无遮拦，脏话连篇。错误地认为唯有如此方显男人本色。其实这是偏见，甚至可以说是无知。因为一般女性还是喜欢与"文明"的男性相处，而且与"文明"的男性相处会令她们更有安全感。脏

话连篇只会引起女性的反感。

（7）说其他女性的坏话。女性一般都非常看重男性的品行，如果一个男性当着一个女性将另一个女性贬低得一钱不值，以为这样就会获得身边女性的好感，那么就大错特错了。女性的心理是很奇怪的，她们之间可以相互妒忌，但是却不容许男性妄加评论。当着女性评论另一个女性，只能引起女性的厌恶。

（8）散布传播谣言。当着女性的面散布传播其他人的谣言，会令女性觉得你人品下流。如此，一传十，十传百，你的名声很快就会被会搞臭，如再想"漂白"自己，简直是难上加难。

（9）过分地恭维。女性都喜欢被别人恭维，但是过分地恭维，同样会遭到女性的反感。比如某一个女性本来相貌平平，你却恭维她说"你真是个大美女"，那她一定会认为你是在有意讽刺她。所以在恭维女性时，一定要抓住她与众不同的特点，恰如其分地恭维会令女性对你"高看一眼"。

（10）哗众取宠。女性最讨厌的男性特点之一就是哗众取宠。哗众取宠的男人往往会过分地夸大自己，也许第一次他们会得逞，令女性对其青睐三分，但是下一次就不灵了。哗众取宠的外衣一旦被剥去，女性便会对其产生十二分的讨厌。

男性们在与女性的交往中，如能避开以上10点，那么肯定会成为女性愿意交往的人物。同样的道理，女性在与男性的交往过程中，也应注意避免一些问题。

（1）别把男性当佣人。一般情况下，女性总是把自己视为"弱势群体"，遇有什么脏活儿、苦活儿、累活儿，总是希望男性主动站出来。有些女性更是会把男性当佣人使用，并且觉得理该如此——"男人就应该这样容让女人"。其实，这种想法是错误的，通常，在遇到问题时，男性会出于面子而主动站出来，这时，作为女性，至少也要做个样子出来，如果自己退后，却张口让男性出面，那就做得有点不得体了。

★第9章★ 圈内人圈外人，高低贵贱各不同

（2）别惦记着占男性的便宜。女性与男性在一起，往往都是非常"幸福"的，因为男性不仅会充当女性的"保护人"，同时还会心甘情愿地为女性花点钱，卖点力。正因为如此，有些女性才会形成一种习惯，只要与男朋友，或是男同事在一起，不是点狮子老虎，便是要苍蝇蚊子，最终令男性望而生畏。

（3）别把男性当傻瓜。有些女性，以为自己生有几分姿色，是征服男人的最大资本，所以，习惯借此来对男性发号施令。其实这是一种自我欺骗，因为男性都不傻，他们在为女性心甘情愿做事的时候，其实心里也在盘算着如何得到回报。所以，这时女性朋友们要注意了，越是殷勤的男性，对你的威胁就越大。

（4）别对男性动手动脚。有些女性，在与男性交往时，特别喜欢在男性身上动手动脚，或推一掌，或打一拳，或踢一脚，以为这样做会表示你们之间关系熟，其实不然，一般来说，男性对喜欢动手动脚的女性都是较反感的，甚至会认为这种行为不检点，有点"轻浮"。

（5）别学"长舌妇"。女性一般都较为敏感，有时因此会误解男性的一些言行，从而导致被人疏远。有位女子，经常在男性面前讲其他男女之间的一些所谓的隐秘，而且讲得绘声绘色，最终总免不了来一句"真恶心"。时间不长，男性们便都纷纷远离了她，因为谁都害怕自己"稍有不慎"，而成为她"恶心"的对象。

（6）别自我标榜。一个女士自我感觉非常良好，总是将自己看得比别人高一等，有一种自以为"美若天仙"的感觉，时不时便会在朋友面前显摆有多少男士在追求她。同时，还不忘贬低其他女士。虽然自己说得痛快，满脸洋溢着得意，但是很快她就发现，她的这番话越来越没有"市场"了，并且，人们也开始有意回避她。问题出在哪里，就是因为她太爱标榜自己了，最终只能落得个被人嗤笑的结局。

（7）别袒胸露臂。有些女性在与男性交往中，为了表现其现代派常常袒

胸露臂，故意做出一副随便的样子，以为这样便可以获得男士的关注。恰恰相反，男性往往对袒胸露臂的女性持反感态度，一来，这种打扮是对对方的一种不尊重，二来，也给对方带来一些不便，甚至会产生尴尬。

（8）别勉强男性。绝大多数女性都爱逛商场，而男性却特烦逛商场。有些女性为了有人"陪伴"，往往要求男性陪着自己去逛商场，一旦逛起来就没完了。作为女性，在类似这样的事情上一定不要太过勉强男性，有时，对方碍于情面可能会陪你一次，但是到了下次，他很可能会有意躲着你。因为对你来说，那是一种享受，但是对他们来说，那简直是一种受罪。

（9）别对男性横加指责。有些女性似乎对男性期望值太高，一有不如意处，便会对男性大加指责，诸如："你这样还算是男人吗？""男子汉大丈夫，连一点男人气都没有！"等等，这种话是很伤男性自尊的，通常，遭到指责的男性，即使当时不发火，忍气吞声，事后也会责怪你不尽人情。

（10）别把友情当爱情。男女之间的友情有时候是非常微妙的，作为女性，一定要将二者分清。否则会让男性很尴尬，也会间接影响双方的正常往来。

▷▷**应酬心经**

应酬场上处处是忌讳，异性朋友或是同事相处，尤其要注意其中的一些礼数与规矩，只有做好这些，双方的相处才会更融洽、和谐。

★第9章★ 圈内人圈外人，高低贵贱各不同

与女性应酬最不能忽略了什么

一次，经理发现新来的打字员经常会打错字，便把她叫到办公室，一本正经地说："怎么能这么粗心？以后一定要注意了。"虽然对方默默地接受了批评，但是心里却很不服：谁还没有打错字的时候。在以后的工作中，她的正确率是提升了，但是效率却下降了。后来公司换了一位经理，这位经理发现打字员偶有错误出现，一次，在她工作的时候，经理走到她身边说："你今天穿的这身连衣裙，让你显得更漂亮大方。"打字员听了心里很高兴，经理接着又说："如果你打的字也能这样才好，要多注意标点符号。"知道经理是在批评自己，但她还是很愉快地接受了。从此之后，她的工作效率提升了许多，且很少再出现类似的错误。

要想与女性和睦相处，首先一定要了解女性的心理。在日常生活中，我们经常会听到女性们这样说："说话那么露骨，毫不保留，真是受不了呀！""那种人好讨厌哦！尖酸刻薄，人品又下流……"等等，好像有些男人天生就被女人所厌恶。

其实不然，女性习惯会说一些"口是心非"的话，她们真正讨厌的人与事，未必会说出来，不是很在意的事，反倒会描述得绘声绘色。

所以，在与女性应酬时，她们说的有些话不必太当真，但有些话，一定

学会应酬，半生不愁

要多拍拍脑门想想。比如在恭维女性这件事情上，一般的女性总是会表现得很害羞，表面上看，她们不希望男性恭维自己，总是习惯说："你们男人没有一句真话。"许多时候，其明知是假话，但是还是非常喜欢听。

作为男士，如果在这件事情上表现得太实在，看似应和了女性的心理，其实是犯了兵家大忌。有一位女士因身材较胖，一直苦恼不已。一次，一位男士对她说："你是该减肥了，最近又胖了。"这位女士笑呵呵地说："是啊，是啊，你说得没错。"对方也没有表现出任何反感，男士觉得自己说得很对，其实，这样的话这位女士并不爱听，说不定心里在骂这位男士不会说话。一天，另一位男士对她说："这大冷天的，你那小身板能吃得消吗？得赶快往胖里吃，像我这样才御寒。"其实，那位男士一点都不胖，这么一说，虽然这位女士嘴上承认自己已经很胖了，但心里还是乐开了花。

与女性应酬，有时不可以实话实说，如果一定要说，也要学会变换一种方式，以尽可能迎合对方的心理。聪明的男人总是能够做到这一点。他们善于通过高超的话术来赞美女性的独特气质、优雅的举止、高挑的身材等。

举个例子，平时，对被公认为是"美女"的人说："你长得很美。"对方未见得会很高兴，因为那已是既定事实，你的赞美毫无特色，一点不会让对方感到意外，所以，她对你说的话也没有太深的印象。如果换一个角度，去夸奖她的气质，或许效果会好一些。当然，如果能发现别人不能发现的优点，那一定会令她激动不已的。

说到这里，若想称赞女性，但又不知如何启口时，你不妨从以下几个方面去寻找突破，如：

"好漂亮的手指！"

"你穿这套衣服显得特别的迷人！"

"你的字写得非常漂亮。"

"你的小皮包很漂亮。"

……

第 9 章　圈内人圈外人，高低贵贱各不同

这些不同寻常的称赞，不但容易让对方接受，而且也显得不俗气。平时，和工作上的女性应酬时，要学会多夸奖她们，在称赞对方的同时，更进一步指出对方应具备何种形象，则更能刺激对方的优越感。例如，你对某位女性说："你的歌唱得很好，但如果你再改变一下台风，相信会更加完美！"

像类似这样的说法，对方才会觉得你对他人的关心是出自于真心的。

我们在夸奖男性的时候，由从背后夸奖，经由第三者传达至当事人耳里，往往最具效果。但夸奖女性的时候，则恰恰相反，无论哪种场合，都应毫不考虑的直接称赞，而且要不厌其烦的应用各种方式。

▶▶应酬心经

威尔逊女士曾经说过："妇人特别重视什么周年纪念的仪式，故此千万不要忘记：她们需要别人送花，在分别的时候希望你写信给她，以表示你并没有把她置之脑后。"

应酬时，不要冷落"次要者"

一次，赵经理带着小军去参加朋友的宴席，赵经理的人脉较广，认识的人较多，在整个席间，不断有人过来向他表示问候，并频频与他碰杯。这让赵经理显得很有面子，朋友忙完其他的事情后，也特别过来问候了一下赵经理。

见赵经理身边多了一个陌生人，便问："赵经理，这位是？"赵经理

学会应酬，半生不愁

说："这是我们公司新来的职员小军，今天带过来也介绍你们认识一下。"

这位朋友与小军客气地寒暄了几句，然后就把话题叉开了，小军坐在中间没有一点发言权，有时显得很无聊，又略带一点尴尬。见状，赵经理会有意无意地提到身边的小军，好让他也参与进来，但是，每当小军说话时，那位朋友都不会正眼看他一眼，对小军说的话既不肯定，也不会做任何回应，只当耳旁风。

明显可以看出来，这位朋友根本没有把小军放在眼里，不想与他应酬，甚至有些势利，这让小军气不过，事后，也不方便说什么。赵经理是个聪明人，看出了其中的原委，安慰小军说："他性格就那样，也是不太爱说话，尤其是与陌生人，话就更少了。"知道赵经理是在安慰自己，小军也很大方地说："你的那位朋友待人也挺热心，为人很大方，看得出来你们是很好的朋友。"

赵经理觉得朋友做得有点过，让自己也显得很没面子，同时也让小军受了委屈。为了防止再次发生这样的事，以后与那位朋友应酬时，身边再也没有带过其他人。

不管是哪种形式的应酬，也不论你是主人，还是客人，都要学会有礼有面地应酬好在场的所有人，让大家都感到：自己被照顾到了，此人很会来事儿。这是成功应酬必须要做好的一件事。

在许多应酬场合，应酬的对象会有主客、主次之分。比如，三个人应酬，其中必定有一个人是相对的"次要者"，像上面案例中的小军就扮演了这样的角色。这时，不管你与"次要者"认不认识，熟不熟悉，都不要随意冷落对方，让其产生一种不被重视的心理。否则，整个场面也会显得很尴尬。

有些善于应酬的人很注意这一点，如，小王带着一个朋友去与小李应酬，小李在听完小王的介绍后，很可能会说："小王的朋友，就是我小李的朋友。"在接下来的谈话中，小李也会尽可能找一些大家谈得来的话题，尽

★第9章★ 圈内人圈外人，高低贵贱各不同

量表现出自己的热情与款待。

在与其他人应酬时，也要适当地让"次要者"参与到你们的谈话中，不仅可以打消"次要者"的尴尬，同时还可以表现出你的好客、热情。如果"次要者"是你朋友的朋友，那定会让朋友感到很有面子。

应酬时，有以下4种方法可以让"次要者"感到他的存在。

1.常常向"次要者"微笑

几个人在一块儿聊得热火朝天，对其他在场的一位或几位却不管不顾，无视他们的存在，其实是一种很伤人面子的事情。遇到与多人应酬的时候，如果自己的嘴忙不过来，也可以通过适当的表情向"次要者"表示你的关注：我很在意你的存在。有时一次淡淡的笑，一次微微的点头，不但会让对方心领神会，也会让双方在这种无声的语言中达成一种心理的默契。

2.不时地向"次要者"询问一些平常的问题

有时，因为"次要者"与在场的人不够熟悉，相互间缺少共同的话题，所以，场面会显得冷清。这时，可以适当向"次要者"询问一些平常的问题，提问的目的不在于对方能否做出真实、详细的回答，而在于向对方传递你的一种问候，即，表示你重视他的存在，希望与他有更多的交流。所以，这个时候问什么不重要，重要的是要让他感觉到，你一直都很在意他的存在。

3.常常示意"次要者"喝茶或吃点心

在与主要应酬对象寒暄的同时，为了让场面好看，也可以时不时地向"次要者"示意：吃些水果，或是点心。这样一来一去，也会使双方产生一定的互动，可以让整个场面变得更协调。如，你与某位多年不见的朋友应酬时，总是有说不完的话，而一时忽略了在场的同事，那可以在说话的间隙，向同事递上一块点心，或是一个苹果，让他边吃边聊。这样，同事就会感觉自己也被照顾到了。

4.让"次要者"参与到你们的谈话之中

如果有机会的话，一定要让"次要者"也参与到你们的谈话中，可以

学会应酬，半生不愁

说："喂，小王，像这样的事情，我记得你好像也经历过。"或者说："老刘啊，这件事情你怎么看？很想听听你的意见。"积极引导"次要者"参与到当前的谈话中，可以活跃场面气氛，同样，也可以防止对方被冷场，进而产生心理负担。

可见，要想让应酬变得顺畅、成功，对在场的人一定要照顾周到，尤其不要冷落了"次要者"。对在场没有机会说话的人，或是不善言谈的人，要学会积极引导，争取让他们参与到当前的话题中，而不要各说各话，只顾表现你与某些应酬主角的特殊关系，忽略了其他人的心理感受。如此应酬，让别人面子上不好看不说还显得你很不会来事儿。

▷▷ **应酬心经**

虽然主要的应酬对象应重点照顾，但也不能冷落了次要的应酬对象，只有让主、客等所有在场人都感到自己被照顾到了，你的应酬才算是成功的。

不要只与"合得来"的人交往

10年前，杨先生在一家租赁公司上班，老板40来岁，不仅办事能力强，而且有着很广泛的社会关系网。几乎每次开会，老板都会督促员工"要多建立自己的联系网"。每次，杨先生总是会抱怨说："这种事你办起来比我们要强，你比我们年龄大，有职务，有经验，很容易与其他公司一些上层人物接触，而我们太嫩了一点，再说资格也不够。"

★第9章★ 圈内人圈外人，高低贵贱各不同

一转眼10年过去了，小杨变成了老杨，自己都快成40岁的人了，还是没有升迁的机会，眼看着老熟人一个个升为主管、经理，有的甚至自己当了上司，杨先生非常着急，只后悔当初没有听从老板的话，多编织一些关系网。说起这件事，他颇有些感慨："以前不重视关系，也不想发展关系，只习惯与身边的朋友交往，结果，现在的交际圈越来越小。"

一个人如果人际关系薄弱，应酬能力又不到家，那自己的路走起来会很艰辛。俗话说："多一个朋友多一条路。"不论在什么行业，朋友多，关系广，总归是有好处的。有些人的思想比较闭塞，生活的圈子也较窄，所以，不论在工作中，还是在生活中，经常会有这样一种感觉：自己快跟不上时代了，同时，自己也正在被孤立，交际圈子越来越小。

这就为大家提出了一个很现实的问题，如果只是为了生存，你可以保持现在的交际面，但如果是为了发展，那就必须要学会与不同圈子的人，不同行业的人交往，而不要仅局限于那些与你合得来的人。

所谓的"合得来"，并不是指可以合作共事，而是指在性格、道德、习惯、趣味等的方面相娱相悦。这种"合得来"没有功利性，也不会因为双方身份和地位不同而发生变化，完全是出于一种感情与精神需要。

有些人观念较僵化、思想保守、圈子固定、人脉有限，在他们的潜意识中，凡是不符合自己交往"标准"的人，他们会一概拒之。这种处世方式带有很明显的书生气，自以为自己清高、有境界，结果只能是离群索居，被人孤立，处处吃亏。

人与人交往，其实也是某种程度上的利益交换，所以，不能总是用所谓的道德观与主观好恶来作为社会交往的准则。有些人经常自视清高，不与这样的人交往，不与那样的人交往，觉得自己有品位、有文化、有层次，怕与那些人交往玷污了自己名声。如此这般，该大大方方与人应酬的时候就会显得很拘谨，总是想着如何让自己的交际圈变成一片净土。

学会应酬，半生不愁

俗话说：金无足赤，人无完人。习惯以主观好恶评判一个人，则天下没有什么人可以交往了。所以，以"合得来"与否作为人际交往的惟一标准实在是一种偏误，正确的做法是：既要交合得来的朋友，也要能交合不来的朋友。

人与人之间互有利益上的需求是再正常不过的事情了。通过互利互惠、互通有无、取长补短、相互合作式的人际交往，我们可以办成一个人通常难以办成的事，不断地壮大自己的实力。

有些人也明白与不同人应酬的重要性，但就是做不到。因为与合不来的人交往，他们心理会有负担，且情感上接受不了。许多情况下，为了得体地掩饰和控制自己的这种不适感，会让自己身心俱累，备受压抑，与其如此，还不如独来独往轻松自在。

所以，在应酬场合经常会看到这样一种现象：有些人一旦入了一个新的圈子，觉得与其他人合不来，便会极力去敷衍别人，并且习惯用道德来划界线，把自己交往的人划分为黑与白两种对立的类别。这种做法往往缺乏理解和宽容，显得视角褊狭、心胸狭窄，也正因为如此，这种人很难真正与同事或朋友打成一片，很难信任别人，也很难被别人信任。

以能否合得来作为交友的唯一标准，在今天的应酬场合显然是行不通的。你融不到别人的利益圈，那有困难时，也就不会有人站出来为你伸出一只手。如此，你只能清贫淡泊、独善其身，那你的社会生存能力也就可想而知了。

▷▷ 应酬心经

为了开阔视野，增强社会生存能力，必须要放下"架子"，广交朋友，尝试与各种各样的人交往。因为，一旦"合得来"的人有朝一日"合不来"，那岂不是无人可以交往了！

★第9章★　圈内人圈外人，高低贵贱各不同

攀附贵人不可生拉硬套

采购员小王是有名的自来熟，不论见了谁，都能与对方搭上话，不管自己对一些话题在不在行，他都能掺和到其中。他这个人如此随和，到是走到哪里都不惹人讨厌，只是因为一个坏习惯经常被人小看——对用得着的人立马会献出十二分的殷勤。

一次，公司的物资部门来了一位新部长老陈，因为小王要经常与对方打交道，为了尽快与对方混个脸熟。当着同事的面，不是今天送对方一包烟，就是明天拉对方下馆子，几次下来，弄的陈部长不知如何是好。由于自己刚到任，既担心接下来工作不好开展，又怕惹来闲话，所以之后的一段时间，陈部长有意拉开与小王的距离，但是小王却死皮赖脸缠着陈部长不放，一有空闲时间，就想找陈部长套近。

陈部长也是聪明人，为了正身起见，他多次当着他人面对小王说："多谢你对我工作的理解与支持，工作时间咱们还以工作为重。"

小王却听话不听音，隔三差五依然频频向陈部长示好。陈部长只得对他冷眼相看，不再把他当回事儿，小王这才如梦初醒，但为时已晚。

人因学识、修养、经历、地位不同，故而有平凡与权贵之分。在应酬关系中，这既是一种层次差别，也意味着一种交际秩序。一般来说，"贱"者与"贵"者交往难，反之则容易，且人们都愿意与有本事、能办事的人交

往，这是人们一种促利的"本能"，也是一种环境使然。

如果身边出现了贵人，别人都想着法子去攀附，而你却自视清高，无视贵人的存在，如此，不但不会为你博得一个好名声，还可能被人视为异类。更何况，如此"得罪"了贵人，可谓是躺着也中枪。

有些人为了结交贵人，会把自己搞得低三下四，甚至都不顾及自己的面子与尊严，其结果往往收效甚微，还经常容易落下骂名，实在得不偿失。而应酬技巧高明的人，在攀附贵人的时候，却很讲究其中的技巧与力道。简单总结，方法大体有以下6种。

1.尊重对方，严谨有致

与贵人发展友情，不但要准确把握双方的关系，而且还要突出对方相应的位置，充分表现出对他的尊重与恭敬。小赵是工厂的技术能手，虽然职位不高，但是说话办事却很有影响力，就连厂长在他面前也得放下领导架子。因为缺了他，工厂就没法正常运转。即便如此受领重视，小赵为人还是很低调，尤其在领导面前，言行比较谨慎，十分在意领导的权威。不像有些员工，仰仗着自己是技术核心，经常不把领导放在眼里。所以，小赵深受领导的信任，只要自己有什么要求，领导都会对他额外关照。这让他觉得领导很有人情味儿。

尊重，任何时候都是应酬的第一准则，尤其对应酬场上的贵人，更应尊重为先，只有让对方感到体面了、舒适了，对方才愿意更进一步接近你、了解你。

2.切忌奉承，不卑不亢

如果在与贵人应酬时，满嘴都是奉承的话、违心的话，完全失去了自己的原则与立场，那对贵人也是一种伤害。因为没人希望别人是带着很强的目的性来与自己交往的，如果一开始你就迫不及待地把贵人捧上天，对方获得的不会是荣耀与满足，而很可能是反感、厌恶。

A先生做事喜功好大，乐于听奉承话，一次，见到一位有钱人，本该客客气气地随便聊一些话题。结果A先生一张口就夸对方气质佳、人品好，"一

★第9章★　圈内人圈外人，高低贵贱各不同

看就是有福之人"。对方也是过来人，什么场面没见过，没听他说几句，便觉得此人别有用心，于是赶快告辞，生怕他接下来对自己提出什么非分的要求，进而弄出一些不愉快的事情来。

奉承也要看对象，如果对方确实愿意被奉承，那也要注意奉承的方式，如果对方生来就反感这种溜须拍马的行为，那最好还是闭上自己的嘴，多说一些中肯的，有实际意义的话。

3. 态度自然，不必拘谨

贵人无论地位，还是阅历、学识，都高我们一筹。与他们交往，我们常常会有一种威压感。尤其是未见过世面的青年人，在这种情势下神情与举止往往极不自然。其实大可不必，你完全可以这样想：其实，他们只是自己平等交往的对象，他一不打你，二不骂你，有何紧张？

所以，这个时候一定要立足自己，守住方寸，保持本色。这反倒能在贵人面前显示出你的本色。尤其在与一些德高望重的人交往时，一定不要太拘谨，要适当放得开些，如果总是一副窝窝囊囊、畏畏缩缩的样子，什么话也说不出来，还经常莫名其妙地走神，搞得自己身心俱累不说，对方看着也会感到难受。

4. 巧托会配，不可狂妄

在攀附贵人时，必须把握一条重要的原则，即，贵人是交际的主角，而我们则是配角，处于次要地位。这是由双方的身份和地位决定的。所以，在与贵人交往过程中，我们要积极支持贵人，热情配合贵人，鞍前马后，服从需要，随时听候调遣。如果你把握不住这条原则，不善迎合贵人，而只会背弃、排挤贵人，甚至表现得很狂妄，那贵人自然会离你而去。

小灿才艺双全，时不时喜欢在一些应酬场合露一手。一次，公司在晚会上请来了一些知名的艺术家。其中有一位艺术家在晚会上表演了京剧唱段，由于离开舞台很长一段时间了，再加上上了年纪，所以，唱得不是很好，但还是赢得了阵阵掌声。小灿心想，自己如果这时亮亮嗓子必会让这些艺术家称道。于是小灿主动表示，要与这位艺术家一比高低。虽然她唱得不错，但

是在一旁的老人却感到很不自然。小灿虽是善意，但如此抹对方面子，多少让对方心里有些不爽。

所以，要想让贵人赞赏你，切不可以对方之短衬己之长。必要的时候，要学会以一种低姿态去赏识别人，去学习别人，去衬托别人。

5.主动真诚，降低姿态

贵人所说的话，所做的事往往都要与自己的身份、地位保持一致。他们一般不会做一些有失身份的事，说一些有失身份的话，并且他们也非常在意别人的言行对自己身份的影响。所以，在与贵人应酬时，一定要主动、真诚，尽可能降低姿态，只有不把贵人当一般人看，才会引起贵人的注意，为接下来与其建立不同寻常的关系创造条件。

6.收敛锋芒，接受呵护

在有能力的贵人面前，我们往往会显得很弱小、稚嫩。这时，绝不要为了撑面子，在贵人面前虚张声势，尽显自己的能耐，而要学会低调，随时准备接受贵人的点拨与呵护。一般情况下，贵人也愿意帮助这样的人，如果在贵人面前太过逞能，不但会让贵人看扁，也会失去对方的信任。也可以说，贵人，就是用来被人求的，这样才能体现出他们的价值，体现出他们高人一等的本事。

贵人对每一个人来说，都是一种极为重要的社会资源，"攀附"权贵，在一定程度上意味着可以让自己少走许多弯路。所以，当你有机会遇到贵人时，一定要注意与之交往的方式、方法，切不可生拉硬套。

▶▶应酬心经

周围处处是贵人，你是主动出击，还是守株待兔？大到寻找合作伙伴，小到普通朋友、同事，只要应酬得当，学会谋人所长，再难处的人也会成为你的座上宾。